Kauderwelsch

Band 58

Der
Reise Know-How Verlag Peter Rump GmbH
ist Mitglied der Verlagsgruppe

REISE KNOW-HOW

Kauderwelsch

Sudanesisch-Arabisch
Wort für Wort

Randolph Galla

Kauderwelsch Band 58
Sudanesisch-Arabisch - Wort für Wort
von Randolph Galla

Reise Know-How Verlag Peter Rump GmbH
Hauptstraße 198
D-33647 Bielefeld (Brackwede)

1. Auflage 1997
ISBN 3-89416-302-X (DM 14,80)

Bearbeitung: Alexander Schwarz

Gestaltung & Umschlag: Peter Rump

Fotos: Randolph Galla

Druck & Bindung: Fuldaer Verlagsanstalt GmbH, Fulda

Dieses Buch ist in jeder Buchhandlung der BRD, Österreichs, der Niederlande und der Schweiz erhältlich. Bitte informieren Sie Ihren Buchhändler über folgende Bezugsadressen:
BRD: Prolit GmbH, Postfach 9, D-35461 Fernwald (Annerod) und die Barsortimente
Schweiz: AVA-buch 2000, Postfach 27, CH-8910 Affoltern
Österreich: Mohr Morawa GmbH, Sulzengasse 2, A-1060 Wien
Benelux: Assimil Benelux, 5-7 Rue des Pierres, B-1000 Bruxelles

Wer im Buchhandel kein Glück hat, bekommt unsere Bücher gegen Voreinsendung des Kaufpreises plus 4.50 DM für Porto und Verpackung (Scheck im Brief) bei:
Rump-Direktversand, Heidekampstr. 18, D-49809 Lingen (Ems)

Zu diesem Buch ist eine **Tonband-Kassette** erschienen. Näheres dazu steht auf Seite 10.

Der Verlag will die Kauderwelsch-Reihe ausbauen und **sucht Autoren** für:
Balinesisch, Hawaiianisch, Hessisch, Singhalesisch

Inhalt

	Vorwort	7
	Hinweise zur Benutzung	8
	Über das Sudanesisch-Arabische	11
	Umschrift & Aussprache	13
	Wörter, die weiterhelfen	18
Grammatik		
	Grundsätzliches zur Wortbildung	20
	Hauptwörter	21
	Zusammengesetzte Hauptwörter	26
	Eigenschaftswörter	27
	dieses & jenes	34
	Persönliche Fürwörter	35
	Besitzanzeigende Fürwörter	36
	Hilfsverben	39
	Steigerung von Eigenschaftswörtern	43
	Das Verb	46
	Das Mittelwort (Partizip)	59
	Bindewörter (Konjunktionen)	63
	Verhältniswörter (Präpositionen)	65
	Fragen	66
	Verneinung	67
	Zahlen	68
	Zeit und Datum	71
	Gewichte, Maße, Münzeinheiten	74
Konversation		
	Kurz-Knigge	77
	Begrüßen und verabschieden	82
	Namen und Anredeformen	85
	Bitten, danken und wünschen	89
	Erste Gespräche im Alltag	91
	Unterwegs	97
	Übernachten	102
	Essen und Trinken	105
	Zu Gast sein	111
	Religion	113
	Kaufen und Handeln	114
	Fotografieren	117
	Bank, Behörden und Post	118
	Krank sein	121
	Nichts verstanden? - Weiterlernen!	123
Anhang		
	Literaturhinweise	126
	Wörterliste Deutsch-Sudanesisch/Sudanesisch-Deutsch	121
	Der Autor	160

Kauderwelsch-Sprechführer sind anders!

Warum? Weil sie Sie in die Lage versetzen, wirklich zu sprechen und die Leute zu verstehen.

Wie wird das gemacht? Abgesehen von dem, was jedes Sprachbuch bietet, nämlich Vokabeln, Beispielsätze etc., zeichnen sich die Bände der Kauderwelsch-Reihe durch folgende Besonderheiten aus:

Die **Grammatik** wird in einfacher Sprache so weit erklärt, daß es möglich wird, ohne viel Paukerei mit dem Sprechen zu beginnen, wenn auch nicht gerade druckreif.

Alle Beispielsätze werden doppelt ins Deutsche übertragen: zum einen **Wort-für-Wort,** zum anderen in "ordentliches" Hochdeutsch. So wird das fremde Sprachsystem sehr gut durchschaubar. Denn in einer fremden Sprache unterscheiden sich z. B. Satzbau und Ausdrucksweise recht stark vom Deutschen. Ohne diese Übersetzungsart ist es so gut wie unmöglich, schnell einzelne Wörter in einem Satz auszutauschen.

Die **Autorinnen** und **Autoren** der Reihe sind Globetrotter, die die Sprache im Land selbst gelernt haben. Sie wissen daher genau, wie und was die einfachen Leute auf der Straße sprechen. Deren Ausdrucksweise ist nämlich häufig viel einfacher und direkter als z. B. die Sprache der Literatur.

Besonders wichtig sind im Reiseland die **Körpersprache, Gesten, Zeichen und Verhaltensregeln,** ohne die auch Sprachkundige kaum mit Menschen in guten Kontakt kommen. In allen Bänden der Reihe wird darum besonders auf diese Art der nonverbalen Kommunikation eingegangen.

Kauderwelsch-Sprachführer sind keine Lehrbücher, aber viel mehr als Sprachführer! Wenn Sie ein wenig Zeit investieren und einige Vokabeln lernen, werden Sie mit ihrer Hilfe in kürzester Zeit Informationen bekommen und Erfahrungen machen, die "taubstummen" Reisenden verborgen bleiben.

Vorwort

Sie denken, daß es nur von Vorteil sein kann, sich ein wenig in der Landessprache auszukennen, wenn man ein Land bereisen und wirklich kennenlernen will? Da kann ich Ihnen nur zustimmen.

Sie denken, daß Arabisch viel zu schwer für Sie ist? Hier möchte ich Ihnen widersprechen und Sie auffordern, mit mir zusammen diesen Sprechführer durchzuarbeiten. Sie werden sehen: So furchtbar kompliziert ist das alles gar nicht! Das Sudanesisch–Arabische ist nämlich, wie auch die anderen Umgangssprachen in den arabischen Ländern, eine stark vereinfachte Variante der Hochsprache. Die Grammatik ist auf das notwendige Minimum reduziert, und da es in erster Linie eine gesprochene Sprache ist, muß man sich auch nicht mit der arabischen Schrift herumschlagen. Trotzdem: Engagement ist unumgänglich. Vokabeln müssen in jeder Sprache gelernt werden, und ohne ein grammatisches Grundgerüst geht's leider auch nicht.

Dieses Grundgerüst möchte dieses Buch auf möglichst leichte und anschauliche Art vermitteln. Deshalb habe ich mich auf die wirklich unabdingbaren Einzelheiten konzentriert. Nebenbei finden Sie auch immer wieder ein paar Tricks, die grammatisch nicht völlig der Norm entsprechen, auf die man aber unbesorgt zurückgreifen kann, wenn der korrekte Weg zu schwierig erscheint.

Sie werden merken, daß Sie schon nach kurzer Zeit Auskünfte einholen und kleine Unterhaltungen führen können. Voraussetzung dafür ist neben ein wenig Anstrengung beim Lernen eigentlich nur, sich zu trauen. Nehmen Sie jede Möglichkeit wahr, Ihre neuerworbenen Fähigkeiten anzuwenden, und haben Sie keine Angst, Fehler zu machen! Fehler machen alle – überdies können Sie aus jedem Fehler lernen. Haben Sie diese Schwelle überschritten, trägt sich der weitere Fortschritt fast von selbst, denn Sie werden sehen, wie sehr Sie die begeisterten Reaktionen der Sudanesen zum Weitermachen motivieren.

In diesem Sinne wünsche ich Ihnen viel Spaß und Erfolg!

Randolph Galla

Hinweise zur Benutzung

Aufbau des Buches

Der Kauderwelsch-Band „Sudanesisch-Arabisch“ ist in drei Abschnitte gegliedert:

Grammatik

Die Grammatik beschränkt sich auf das Wesentliche und ist so einfach gehalten wie möglich. Sie will zunächst mit den wichtigsten Regeln des Sudanesisch-Arabischen vertraut machen. Viele grammatikalische Erscheinungen, zumal Ausnahmen und sprachliche Feinheiten, müssen bei dieser knappen Darstellung naturgemäß unberücksichtigt bleiben. Aber auch so bietet dieser Abschnitt genügend Stoff, der sicher nicht bei einmaligem Durchgang zu bewältigen, sondern Schritt für Schritt unter Bezugnahme auf den Konversationsteil zu erarbeiten ist. Wer sich intensiver mit der Grammatik des Sudanesisch-Arabisch beschäftigen will, findet in den Literaturtips am Ende des Buches einige empfehlenswerte Sprachlehrwerke.

Konversation

In diesem Teil finden Sie Sätze aus dem Alltagsgespräch, die Ihnen einen Eindruck davon vermitteln, wie die sudanesisch-arabische Sprache strukturiert ist und Sie auf das vorbereiten sollen, was Sie im Sudan hören werden.

Mit Hilfe der Wort-für-Wort-Übersetzung können Sie bald eigene Sätze bilden. Sie können die Beispielsätze als Fundus von Satzschablonen und -mustern benutzen, die Sie selbst Ihren Bedürfnissen anpassen. Um Ihnen das zu erleichtern, ist ein erheblicher Teil der Beispielsätze nach allgemeinen Kriterien geordnet („bitten, danken, wünschen“ usw.). Mit etwas Kreativität können Sie sich neue Sätze „zusammenbauen“, auch wenn das Ergebnis nicht immer grammatikalisch perfekt ausfällt.

Wörterlisten

Die **Wörterlisten** am Ende des Buches helfen Ihnen dabei. Sie enthalten einen Grundwortschatz von je ca. 1000 Wörtern Deutsch–Sudanesisch und Sudanesisch–Deutsch, mit denen man eine ganze Menge Situationen meistern kann.

Wort-für-Wort-Übersetzung

Jede Sprache hat ein typisches Satzbaumuster. Um die sich vom Deutschen unterscheidende Wortfolge in den Sätzen besser durchschauen zu können, ist die Wort-für-Wort-Übersetzung in etwas kleinerer Schrift hinzugefügt. Jedem sudanesichen Wort entspricht ein Wort in der Wort-für-Wort-Übersetzung. Wird ein sudanesisches Wort im Deutschen durch zwei Wörter wiedergegeben, werden diese zwei Wörter in der Wort-für-Wort-Übersetzung mit einem Bindestrich verbunden. Zum Beispiel:

bimshi ila Umm Durmân
ich-gehe nach Mutter Durmân
Ich gehe nach Omdurman

Werden in einem Satz mehrere Wörter genannt, die man untereinander austauschen kann, steht ein Schrägstrich dazwischen:

Inta / inti *ayân / *ayâna
du (m/w) krank (m/w)
Du bist krank.

Die Wörter vor und hinter dem Schrägstrich gehören zusammen. Worte, die sich auf einen Mann beziehen, werden dabei durch ein (m) für 'männlich' markiert (hier: **inta** und ***ayân**), (w) steht für 'weiblich' (hier: **inti** und ***ayâna**).

Zahlen

Um den Umgang mit Zahlen zu erleichtern, wird auf jeder Kauderwelsch-Seite die Seitenzahl auch auf sudanesisch-arabisch angegeben!

Umschlagklappe

Die Umschlagklappe hilft, die wichtigsten Sätze und Formulierungen stets parat zu haben. Hier finden sich außerdem die wichtigsten Angaben zur Aussprache; weiterhin eine kleine Liste der wichtigsten Fragewörter, Richtungs- und Zeitangaben. Denn wer ist nicht schon einmal aufgrund mißverstandener Gesten im fremden Land auf die falsche Fährte gelockt worden?

- Aufgeklappt ist der Umschlag eine wesentliche Erleichterung, da nun die gewünschte Satzkonstruktion mit dem entsprechenden Vokabular aus den einzelnen Kapiteln kombiniert werden kann.
- Wenn alles nicht mehr weiterhilft, dann ist vielleicht das Kapitel „Nichts verstanden? – Weiterlernen!" der richtige Tip. Es befindet sich ebenfalls im Umschlag (und etwas ausführlicher auch auf den Seiten 123–125), stets bereit, mit der richtigen Formulierung für z.B. „Ich verstehe nicht." oder „Können Sie das bitte wiederholen?" auszuhelfen.

Kauderwelsch-Begleitkassette

Falls Sie sich die Sätze, die in diesem Buch vorkommen, einmal von einem Einheimischen gesprochen anhören möchten, dann können Sie sich die **Kauderwelsch-Begleitkassette** zu diesem Buch besorgen. Jeder Buchhändler kann sie beziehen. Sie bekommen sie aber auch beim Peter-Rump-Direktversand. Die Adresse steht vorne im Impressum. Kostenpunkt: DM 14.80 plus DM 4.50 für Porto u. Verpackung.

Über das Sudanesisch-Arabische

Der Sudan liegt auf der Schnittstelle zwischen arabischer und (schwarz)afrikanischer Welt. Die im Sudan gesprochenen Varianten des Arabischen gehören zu den am wenigsten erforschten arabischen Dialekten überhaupt. Sie werden innerhalb des Sudans vor allem im Norden, Westen und Osten des Landes gesprochen. Im nur schwach arabisierten Süden ist Arabisch eine Zweitsprache, die bisweilen von Angehörigen unterschiedlicher Volksgruppen zur Verständigung gebraucht wird.

Wie bei der Größe des Landes nicht verwunderlich, gibt es zahlreiche Unterdialekte, Abweichungen und Besonderheiten von Ort zu Ort. Da der Stadtdialekt von **Khartoum** und **Omdurman** der verbreitetste ist, einen hohen Prestigewert hat und überall verstanden wird, dient er als Grundlage für diesen Sprechführer.

Den Unterschied zwischen der arabischen Hochsprache und den jeweiligen lokalen Umgangssprachen muß man sich etwa so vorstellen wie den zwischen einer deutschen Fachsprache (etwa im juristischen Bereich) und dem Bayrischen oder Plattdeutschen: Nur wenige Leute beherrschen die Hochsprache perfekt, und selbst diese drücken sich im Alltag lieber in ihrer Umgangssprache aus – schließlich wollen sie verstanden werden. Im Gegensatz hierzu wird normalerweise Hocharabisch geschrieben und nicht Sudanesisch. Aus diesem Grund steht im Kapitel "Aussprache und Umschrift" auch nur der Name des hocharabischen Zeichens in der Tabelle. Man kann sich den Laut dann von einem Sudanesen vorsprechen lassen.

In einem Land wie dem Sudan, in dem nur ein kleiner Teil der Bevölkerung die Möglichkeit hat, das Hocharabische oder eine Fremdsprache gründlich zu erlernen, ist es deshalb für Reisende von großem Nutzen, wenn sie sich zumindest ein bißchen in der gesprochenen Sprache ausdrücken können. Dabei will der vorliegende

Sprechführer helfen. Die Grammatik des Sudanesisch-Arabischen wirkt zwar sehr fremdartig, ist an sich aber weder besonders kompliziert noch ausufernd. Im Gegenteil: Mit dem hier vorgestellten Rüstzeug kommt man schon recht weit, zumal, wenn man "dem Volk auf den Mund schaut" und selbst den Mut hat, viel zu reden. Sie werden sehen: Wenn Sie Hände und Füße zu Hilfe nehmen, können Sie bereits nach den ersten Kapiteln wichtige Dinge ausdrücken und verstehen. Die Sudanesen werden das mit Interesse und Begeisterung honorieren und (unvermeidliche) Fehler nicht weiter tragisch nehmen.

Umschrift & Aussprache

Dieser Kauderwelsch-Band verwendet nicht das arabische Alphabet. Statt dessen wird eine Umschrift in lateinischen Buchstaben benutzt, die dem Leser ein zügiges Erlernen der Sprache ermöglicht und ihm dabei hilft, ohne große Mühe in kurzer Zeit gleich mit dem Sprechen zu beginnen.

Wie das Deutsche besteht auch das Arabische aus Selbstlauten (Vokalen) und Mitlauten (Konsonanten). Nur besteht hinsichtlich der Wichtigkeit beider Gruppen ein entscheidender Unterschied: Mitlaute sind im Arabischen wesentlich bedeutender als Selbstlaute! Das Sudanesische kommt im Gegensatz zum Hocharabischen mit weniger Mitlauten aus. Dafür treten mehr Selbstlaute auf. Hier nun in alphabetischer Reihenfolge die Laute, über die das Sudanesisch-Arabische verfügt. Die Umschrift, die dabei verwendet wird, ist nicht streng wissenschaftlich, sondern hält sich möglichst nah an das, was man aus dem Deutschen gewohnt ist.

	Laut	Name	Aussprache und Beispiel
	a		kurzes *a* wie in er hat; **alf** tausend
	â		langes *a* wie in aber; **bâb** Tür
	ä		liegt zwischen *e* in Bett und *ä* in Säge; **shiyän** häßlich
باء	**b**	**bâ**	wie im Deutschen; **bard** Kälte
		ain	knarrender Laut, wie beim deutschen geärgert, tief unten in der verengten Kehle gebildet. Klingt etwa wie ein angestrengt herausgepreßtes a. Z. B.: ʿ**aiz** ich will

خاء	ch	châ	wie in Rachen; **ch** gilt im Arabischen als ein Buchstabe; **uchut** Schwester
دال	d	dâl	wie im Deutschen; **dokkân** Laden
ضاد	ḏ	ḏâd	dumpfes, nachdrückliches *d;* Rücken der Zunge gegen Gaumen und Schneidezähne pressen; **ḏarb** Schlag
	e		kurzes *e,* wie in Geld; **telfizyôn** Fernseher
	ê		langes *e,* wie das 2. *e* in Gebet; **bêt** Haus
فاء	f	fâ	wie im Deutschen; **fundug** Hotel
	g		wie im Deutschen; **girish** Pfennig
غين	gh	ghein	geriebener, dumpfer Laut wie das *r* in gurgeln, nur stärker; am Hintergaumen, aber ohne Kontakt der Zungenspitze mit diesem gebildet; **gh** gilt im Arabischen als ein Buchstabe; **ghâlîy** teuer
	h	ha	wie im Deutschen, sehr leicht; **hadîya** Geschenk
حاء	ẖ	ẖâ	gehecheltes *h,* klingt bei Sudanesen oft fast wie *h,* ist aber ein anderer Buchstabe! Z. B.: **ẖubb** Liebe
	i		kurzes *i* wie in Film; **inta** du (m)
	î		langes *i* wie in Liebe; **gadîm** alt
	j		wie das *dj* in Django oder Jeep; **jellâbîya** Männerkleid
كاف	k	kâf	wie im Deutschen; **kursi** Stuhl
لام	l	lâm	wie im Deutschen; **leymûn** Zitrone

ميم	m	**mîm**	wie im Deutschen; **madîna** Stadt
نون	n	**nûn**	wie im Deutschen; **nîl** Nil
	o		kurzes *o,* wie in Glocke; **lakonda** Herberge
	ô		langes *o,* wie in Not; **yôm** Tag
قاف	q	**qâf**	etwas dumpfer als das deutsche *q*; **burtuqâlî** orange
راء	r	**râ**	gerolltes *r*; **râjil** Mann
سين	s	**sîn**	zischendes, scharfes *s,* wie in Bus oder *ß* in naß; **sikîn** Messer
صاد	s̲	**s̲âd**	dumpfes, scharfes *s;* Seiten des Zungecrükkens gegen den Gaumen pressen, Mundhöhle zusammendrücken; **s̲ôm** Fasten
شين	sh	**shîn**	wie das deutsche *sch*; **sh** gilt im Arabischen als ein Buchstabe; z. B.: **shams** Sonne
تاء	t	**tâ**	wie im Deutschen; **taks** Taxi
طاء	t̲	**t̲â**	dumpfes *t;* Bildung wie bei *d*; **t̲âlib** Schüler
	u		kurzes *u* wie in unten; **umm** Mutter
	û		langes *u* wie in Ruf; **nûr** Licht
واو	w	**wâw**	ähnlich dem deutschen *w,* aber mit ganz leichtem vorgestelltem *u,* wie das englische *w* in well; z. B.: **walad** Junge
ياء	y	**ya**	wie das *y* in New York; **yamîn** rechts
زاي	z	**zây**	stimmhaftes, weiches *s* wie in sauber; **zêt** Öl
ظاء	z̲	**z̲â**	dumpfes, stimmhaftes, weiches *s,* Bildung wie *s*, z. B.: **z̲arf** Briefumschlag

Anmerkungen

Ein gelegentlich auftauchender Apostroph in einem Wort steht für eine kurze Sprechpause, die Sie an dieser Stelle machen müssen.

Die Laute d̲, s̲, t̲ und z̲ werden 'emphatische Laute' genannt. Sie werden gebildet, indem man beim Bilden des entsprechenden Lautes die Zunge ungefähr wie beim Schlucken formt. Sie gehören zu den Lauten, die nur schwer zu erlernen sind. Das sehen die meisten Sudanesen ganz genauso, und deshalb kann man auch bei ihnen diese Laute manchmal nur schlecht von ihren nichtemphatischen Entsprechungen *d, s, t* und *z* unterscheiden.

Ähnliches gilt für das leichte *h* und das gehechelte, etwas angestrengte h̲. Auch sie klingen bisweilen ähnlich, so daß man als Nicht-Muttersprachler kaum einen Unterschied feststellt. Trotzdem sind diese Buchstaben in ihrer Bedeutung grundverschieden, und gerade für Anfänger mit noch begrenztem Wortschatz ist es wichtig, sie sorgfältig auseinanderzuhalten. Das beugt vielen möglichen Mißverständnissen vor, weil ein falscher Mitlaut den Sinn eines Wortes vollständig ändern kann!

Anders verhält es sich mit dem hochgestellten kleinen *, im Arabischen ***ain** genannt. Die meisten Sudanesen wissen, daß Nichtaraber gewaltige Schwierigkeiten mit diesem Laut haben und stellen sich entsprechend darauf ein. Seien Sie ehrgeizig, und versuchen Sie diese Hürden durch intensives Zuhören und Nachahmen zu überspringen!

Betonung

Auch für die Betonung des Sudanesischen gilt: Zuhören und Nachmachen sind die besten Mittel, um richtig zu sprechen. Im Folgenden ein paar Regeln und Beispiele, die dabei helfen (der betonte Teil des Wortes ist jeweils doppelt unterstrichen).

Bei Wörtern, die eine (1.) oder mehrere (2.) lange Silben enthalten, betonen Sie die letzte dieser langen Silben. Als lange Silbe gilt eine, die einen langen Selbstlaut (*â, ê, î, ô, û*) enthält oder eine, in der auf einen kurzen Selbstlaut (*a, e, i, o, u*) zwei Mitlaute folgen (3.).

1. **bêt** Haus 2. **jellâbîya** Männergewand 3. **fundug** Hotel

Wörter, die nur aus kurzen Silben bestehen, werden auf der ersten Silbe betont:

girish Pfennig

Fügt man an ein Grundwort (= Wortwurzel, s. S. 20) zusätzliche Silben an, die seine Bedeutung verändern, so werden diese zusätzlichen Silben meistens betont.

telfizyônât Fernseher (Mz)

Bei Fragen wird die Betonung zum Satzende hin angehoben.

wên madînat Kosti? *wo Stadt Kosti* Wo ist die Stadt Kosti?

Generell muß man sagen, daß viele Sudanesen leider recht undeutlich sprechen. Mit Vorliebe vernuscheln sie die Wortenden oder verschlucken sie sogar ganz. In solchen Fällen hilft nur beharrliches Nachfragen.

Wörter, die weiterhelfen

Die folgenden Begriffe können Sie in verschiedensten Situationen immer wieder benutzen. Sie werden Ihnen helfen, sich über ganz grundsätzliche Dinge zu informieren. Suchen Sie einfach das Wort, nach dem Sie fragen wollen, aus der deutsch-sudanesischen Wörterliste am Ende des Buches und setzten Sie es ein.

fî ...?

Gibt es ...?

fî bâs?
es-gibt Bus?
Gibt es einen Bus?

fî lakonda?
es-gibt Herberge?
Gibt es eine Herberge?

fî akl?
es-gibt Essen?
Gibt es Essen?

fî môya?
es-gibt Wasser?
Gibt es Wasser?

wa & au

und & oder

fî akl wa môya?
es-gibt Essen und Wasser?
Gibt es Essen und Wasser?

fî bâs au gitar?
es-gibt Bus oder Zug?
Gibt es einen Bus oder Zug?

Die Antwort lautet dann entsprechend:

ây, fî! (auch: **âywa, fî!**)
ja, es-gibt!
Ja, gibt es!

lâ, mâ fî!
nein, nicht es-gibt!
Nein, gibt es nicht!

(Als Bejahung dient auch oft nur ein Zungenschnalzen!)

mitên ...? & mitên fî ...?

Wann ...? & Wann gibt es ...?

mitên fî bâs?
wann es-gibt Bus?
Wann fährt ein Bus?

shinû ...?

Was ...? / Wie bitte?

da shinû?
das was?
Was ist das?

na*am?
ja
Wie bitte?

wên ...?

Wo ...?

wên lakonda?
wo Herberge?
Wo ist eine Herberge?

wên fî môya?
wo es-gibt Wasser?
Wo gibt es Wasser?

*aiz & dair

Ich möchte ...

***aiz / dair ôda**
ich-möchte Zimmer
Ich möchte ein Zimmer.

***aiz / dair *êsh**
ich-möchte Brot
Ich möchte ein Brot.

***aiz / dair gahwa**
ich-möchte Kaffee
Ich möchte einen Kaffee.

***aizîn / dairîn ...**
wir-möchten ...
Wir möchten ...

Grundsätzliches zur Wortbildung

Wie im Hocharabischen lassen sich im Sudanesisch-Arabischen alle Wörter auf ein Grundgerüst zurückführen, das zumeist aus drei Mitlauten besteht. Diese 'Wortwurzel' wird durch kurze **(a, e, i, o, u)** und lange **(â, ê, î, ô, û)** Selbstlaute ergänzt. Es ist von großem Nutzen, wenn Sie dieses Wortbildungsmuster im Hinterkopf behalten, denn das hilft verschiedene Besonderheiten des Arabischen besser zu verstehen.

Arabisch ist eine 'Mitlautsprache', d.h. die Mitlaute sind wesentlich wichtiger als die Selbstlaute, und die Leute reagieren in erster Linie auf sie. Das Verwechseln oder Vergessen von Mitlauten führt also fast immer zu Mißverständnissen. Vergißt man dagegen einen kurzen Selbstlaut, so ist die Chance groß, trotzdem verstanden zu werden.

Hauptwörter, Eigenschaftswörter und Tätigkeitswörter werden ausnahmslos nach diesem Muster gebildet und durch Vor- und Nachsilben erweitert. Gelegentlich werden auch zusätzliche Llaute mitten in die Wortwurzel eingefügt oder einer der drei Mitlaute verdoppelt. All dies macht es etwas schwierig, Wörter auf ihre Wurzel, die eine Art Grundbedeutung darstellt, zurückzuführen. Aber das ist erstens nicht immer nötig und zweitens Übungssache. Zur Veranschaulichung: Die Wurzel **d-r-s** steht für die Grundbedeutung 'lernen'. Der **mudarris** ist ein 'Lehrer', **bidarris** bedeutet 'er lehrt'. Was lehrt/ unterrichtet nun der **mudarris?** Ein **dars** 'Lektion'. Und wo? Natürlich in der **madrasa** 'Schule'.

In all diesen Worten stecken die Mitlaute **d-r-s,** erweitert durch Vorsilben und Selbstlaute, variiert durch Verdoppelung des mittleren Wurzelkonsonanten usw.

Wenn Sie im folgenden etwas über dieses Gerüst aus drei Mitlauten lesen, bedenken Sie bitte, daß wir in diesem Sprechführer mit einer Umschrift arbeiten. In dem Wort **chafîf** (leicht) könnte man vier Mitlaute vermuten, aber das **ch** ist ja eigentlich ein Buchstabe und erscheint nur in der Umschrift als zwei! Ebenso stehen **gh** und **sh** jeweils nur für einen Mitlaut.

Hauptwörter

Der Artikel

Das Schöne am sudanesischen Artikel ist, daß es nur den bestimmten Artikel gibt, und auch den nur in einer Form, die sowohl bei männlichen als auch bei weiblichen Wörtern gebraucht wird. Ein unbestimmter Artikel (ein, eine) existiert als eigenständiger, geschriebener Begriff nicht. Alleinstehende Hauptwörter sind immer unbestimmt.

bêt	ein Haus	**madîna**	eine Stadt
râjil	ein Mann	**zôl**	ein Mann / Kerl
lakonda	eine Herberge	**darb**	ein Weg

Dem deutschen bestimmten Artikeln (der, die, das) entspricht durchgängig das sudanesische **al.** Dieser Artikel wird dem Hauptwort vorangestellt und bildet mit ihm eine Einheit.

al-bêt	das Haus	**al-madîna**	die Stadt
al-walad	der Junge	**al-môya**	das Wasser

In manchen Fällen geht dies soweit, daß das **l** des bestimmten Artikels **al** ausfällt und durch den ersten Buchstaben des folgenden Hauptwortes ersetzt wird:

ar-râjil	der Mann	**as-sanna**	das Jahr
ad-darb	der Weg	**as-sitt**	die Frau

Die Buchstaben, bei denen sich das l des bestimmten Artikel wie beschrieben verändert, lauten **d, <u>d</u>, j, n, r, s, <u>s</u>, sh, t, <u>t</u>, z, <u>z</u>.** Die arabischen Grammatiker nennen sie Sonnenbuchstaben. Am besten lernt man sie möglichst schnell auswendig.

Auch kann das **a** von **al** entfallen. Dies passiert immer dann, wenn das vorangehende Wort mit einem Selbstlaut endet, z. B. bei:

fi-l-bêt	*in-das-Haus*	im Haus
as-sitt wa-r-râjil	*die-Frau und-der-Mann*	die Frau und der Mann

Es ist weder unverständlich noch grundfalsch, in all diesen Fällen stur beim vollständigen **al** zu bleiben (also **fi al-bêt, al-darb** usw.), nur tun die Sudanesen dies eben nicht. Deshalb sollte man diese Regeln zumindest passiv beherrschen.

männlich & weiblich

Im Gegensatz zum Deutschen gibt es im Sudanesischen kein sächliches Geschlecht (Neutrum). Hauptwörter sind grammatisch gesehen entweder männlich (m) oder weiblich (w). Letztere erkennt man von wenigen Ausnahmen abgesehen an einem angehängten kurzen **a** am Wortende. Dieses **a** geht auf ein ehemaliges **at** zurück, das in bestimmten Fällen auch noch immer auftritt.

ruchsa (w)	eine Erlaubnis	**jabana** (w)	gewürzter Kaffee

Zu den Wörtern ohne angehängtes a, die trotzdem weiblich sind, gehören alle Begriffe, die Frauen bezeichnen.

umm (w)	Mutter	**uchut** (w)	Schwester

Aus dem Umstand, daß das a ein Anhängsel ist, folgt, daß aus männlichen Hauptwörtern weibliche werden können, wenn dies sinnvoll ist.

at-tâlib (m)	der Student	**at-tâliba** (w)	die Studentin
muzâri* (m)	ein Bauer	**muzâri*a** (w)	eine Bäuerin

Mehrzahlbildung

Wie eben schon anklang, gibt es regelmäßige und unregelmäßige Mehrzahlformen. Bei der regelmäßigen Mehrzahl (Plural) wird an männliche Hauptwörter, Eigenschaftswörter und Mittelwörter (Partizipien, s. u.) die Endung **în** gehängt, weibliche erhalten die Endung **ât.**

Fast alle Eigenschaftswörter und die meisten Mittelwörter, sowie viele weibliche Hauptwörter, die auf **a** enden werden regelmäßig gebildet. In diesem Fall wird das End-**a** einfach durch **ât** ersetzt, und schon haben Sie die weibliche Mehrzahl:

al-hâya (w)	die Sache	**al-hâyât** (w)	die Sachen
muzâri*a (w)	Bäuerin	**muzâri*ât** (w)	Bäuerinnen
al-kadîsa (w)	die Katze	**al-kadîsât** (w)	die Katzen

Die regelmäßige männliche Form lautet:

muwa<u>zz</u>af (m)	Beamter	**muwa<u>zz</u>afîn** (m)	Beamte
al-muzâri* (m)	der Bauer	**al-muzâri*în** (m)	die Bauern
as-sawâg (m)	der Fahrer	**as-sawâgîn** (m)	die Fahrer

Viele der aus europäischen Sprachen übernommenen Hauptwörter sind zwar männlich, bilden ihre Mehrzahl aber durch Anhängen der weiblichen Endung **ât:**

telifûn (m)	Telefon	**telifûnât**	Telefone
al-bâs (m)	der Bus	**al-bâsât**	die Busse

Viele heißt leider nicht alle, und schon bei den weiblichen Hauptwörtern auf **a** gibt es Abweichungen. Dies gilt in stärkerem Maße für die männlichen Hauptwörter. Zur Veranschaulichung einige Beispiele:

yôm	Tag	**ayyâm**	Tage
al-gitar	der Zug	**al-gitarât**	die Züge
hôsh	Ínnenhof	**heshân**	Innenhöfe
al-bêt	das Haus	**al-buyût**	die Häuser
***unwân**	Adresse	***anâwîn**	Adressen
al-kîs	die Tüte	**al-akyâs**	die Tüten

Sollte man im Gespräch mal eine unregelmäßige Mehrzahlform nicht parat haben, kann man es mit der Einzahl und angehängter Endung (**în** oder **ât**) versuchen. Das ist zwar grammatisch nicht ganz korrekt, man wird aber verstanden.

Wird eine Mehrzahlform unregelmäßig gebildet, so wird diese Form in der Wörterliste genannt.

Die Zweizahl

Die Zweizahl (Dual) ist eine grammatische Erscheinung, die es im Deutschen nicht gibt. Sie ist aber recht einfach zu verstehen. Die Zahl zwei wird im Sudanesischen nicht dem Hauptwort vorangestellt (zwei Tage), sondern in Form einer Nachsilbe mit dem Hauptwort verbunden. Dieses bleibt dabei in der Einzahl. Die Nachsilbe lautet für männliche Wörter **ên** und für weibliche **tên.**

Im folgenden einige Beispiele für Bildung und Umgang mit der 'Zweizahl':

Einzahl	Zweizahl	Mehrzahl
an-nîl (m)	**an-nîlên** (m)	(keine Mehrzahl)
der-Nil	*der-Nil-zwei*	
der Nil	die zwei Nile (Blauer Nil und Weißer Nil)	

Bei weiblichen Hauptwörtern kann wiederum das **a** am Wortende ausfallen. Dies handhaben die Sudanesen aber nicht einheitlich. Also sollte man auf Formen gefaßt sein wie:

a<u>s</u>-<u>s</u>ûra (w)	**a<u>s</u>-<u>s</u>ûrtên** (w)	**a<u>s</u>-<u>s</u>uwar**
das-Bild	*das-Bild-zwei*	*die-Bilder*
das Bild	die zwei/beiden Bilder	die Bilder

Auch bei der Zweizahl gibt es einen weniger eleganten, aber gangbaren Ausweg: Anstelle von **<u>s</u>ûratên** usw. können Sie auch **itnên <u>s</u>ûra** (zwei Bild) sagen. Das Hauptwort bleibt dann immer in der Einzahl!

Bei Fremdwörtern wird meistens sowieso die Zahl **itnên** (zwei) vor das Hauptwort in der Einzahl gesetzt, zum Beispiel bei der Währungseinheit **Guinee:**

jinêh (m)	**itnên jinêh** (m)	**jinêhât** (m)
Guinee	*zwei Guinee*	Guineen
eine Guinee	zwei Guineen	
kîlô (m)	**itnên kîlô** (m)	(keine Mehrzahl)
ein Kilo	zwei Kilo	

Zusammengesetzte Hauptwörter

Für alle Deutschlernenden ein ewiges Ärgernis. Worte wie 'Donaudampfschiffskapitänsmütze' gibt es im Sudanesischen glücklicherweise nicht. Es ist da wesentlich einfacher: Die Hauptwörter werden nicht zusammengeschrieben, sondern durch den bestimmten Artikel **al** miteinander verbunden. Hierbei steht das erste Hauptwort ohne, das folgende mit **al**. 'Haustür' wäre nach dieser Definition *Tür das-Haus.* In diesem Fall 'besitzt' das Wort mit dem bestimmten Artikel (Haus) sozusagen das vorangehende (Tür), ähnlich wie beim deutschen 2. Fall 'Tür des Hauses'. Diese Konstruktionsweise liegt allen zusammengesetzten Hauptwörtern im Sudanesischen zugrunde. Einige Beispiele:

bâb al-bêt	**akl al-ghanam**	**maktab al-busta**
Tür das-Haus	*Essen die-Ziegen*	*Büro die-Post*
die / eine Haustür	das / ein Ziegenfutter	das / ein Postamt

Eine Besonderheit, die es zu beachten gilt, tritt bei den Hauptwörtern auf, die mit einem **a,** dem Zeichen für 'weiblich' enden. Steht ein solches Wort (z. B. **guffa)** vor einem bestimmten Hauptwort (z. B. **al-umm),** so tritt ein zusätzliches **t** an die weibliche Endung **a.** (Verwechseln Sie es in solchen Fällen nicht mit der weiblichen Mehrzahlendung **ât** mit langem **â!)**

guffat al-umm	***arabîyat az-zôl**
Korb die-Mutter	*Auto der-Mann / Kerl*
Mutters Korb	das Auto des Mannes / Kerls

Namen gelten immer als bestimmt, auch ohne den Artikel **al:**

bêt Bashîr	**marrat A<u>h</u>mad**	**sûq Niyâla**
Haus Bashîr (Ez, m)	*(Ehe)Frau A<u>h</u>mad*	*Markt Niyâla*
Bashîrs Haus	A<u>h</u>mads Frau	der Markt von Niyâla

Zum Kapitel 'Zusammengesetzte Hauptwörter' noch eine Bemerkung: Es gibt eine weitere und im Sudan häufig praktizierte Möglichkeit, zwei Hauptwörter zu verbinden. Dies geschieht mit Hilfe der Wendungen **hagg** und **bitâ*** (siehe S. 39-41). Diese unterscheidet sich von der gerade vorgestellten Methode lediglich in stilistischer Hinsicht. Sie wird später erklärt.

Beide Verfahrensweisen sind indessen völlig korrekt.

Eigenschaftswörter

Wie bei den Hauptwörtern gibt es weibliche und männliche Eigenschaftswörter. Dies muß man genau beachten, um korrekte Sätze bilden zu können. Es ist sehr wichtig, das Geschlecht eines Hauptwortes zu kennen, denn die Eigenschaftswörter gleichen sich dem Hauptwort an, auf das sie sich beziehen. Auch bei ihnen dient ein angehängtes **a** als Kennzeichen des weiblichen Geschlechts:

ka*b (m)	schlecht (m)	**shiyän** (m)	häßlich (m)
ka*ba (w)	schlechte (w)	**shiyäna** (w)	häßliche (w)

Haben Eigenschaftswörter einen kurzen Selbstlaut zwischen dem zweiten und dritten Mitlaut der Wortwurzel, so fällt dieser in der weiblichen Form meistens aus:

samih (m)	schön, hübsch (m)
samha (w)	schöne, hübsche (w,Ez)

Im folgenden eine Liste mit Eigenschaftswörtern in ihrer männlichen und weiblichen Form, sortiert nach Gegensatzpaaren:

männlich	weiblich	
hârr	**hârra**	heiß (Wetter)
suchun	**suchna**	heiß (Dinge)
bârid	**barda**	kalt
kweys	**kweysa**	gut
ka*b	**ka*ba**	schlecht
nazîf	**nazîfa**	sauber
was'chân	**was'châna**	schmutzig
garîb	**garîba**	nah
ba*îd	**ba*îda**	weit, fern
tawîl	**tawîla**	lang
gasîr	**gasîra**	kurz
nasîh	**nasîha**	gesund
***ayân**	***ayâna**	krank
ghâlî	**ghâlîa**	teuer
rachîs	**rachîsa**	billig
gauwî	**gauwîa**	stark, kräftig
da*îf	**da*îfa**	schwach
tagîl	**tagîla**	schwer (Gewicht)
chafîf	**chafîfa**	leicht (Gewicht)
sa*b	**sa*ba**	schwierig
basît	**basîta**	einfach
malyân	**malyâna**	voll
fâdî	**fâdîa**	leer
kabîr	**kabîra**	groß (bei Menschen 'alt')
saghîr	**saghîra**	klein (bei Menschen auch 'jung')
tawîl	**tawîla**	groß (bei Menschen)

Farben

Die wichtigsten Farben haben eine besondere Art der Mehrzahlbildung, die hier extra mit angegeben wird. Die anderen werden regelmäßig, also durch Anfügen von **în** (m) bzw. **ât** (w), in die Mehrzahl gesetzt):

männlich	weiblich	besondere Mehrzahl	
aswad	**sôda**	**sûd**	schwarz
abyad	**bêd̲a**	**buyud̲**	weiß
ah̲mar	**h̲amra**	**h̲umur**	rot
achd̲ar	**chad̲ra**	**chud̲ur**	grün
as̲far	**s̲afra**	**s̲ufur**	gelb
azrag	**zarga**	**zurug**	blau
bambîy	**bambîya**		pink
bunnîy	**bunnîya**		braun
burtuqâlîy	**burtuqâlîya**		orange
dahabîy	**dahabîya**		golden
lebenîy	**lebenîya**		blau (Dinge)
rimâdîy	**rimâdîya**		grau
wardî	**wardîya**		zartrosa

Anmerkungen: Das Wort für 'grün' (**achd̲ar, chad̲ra, chud̲ur**) wird auch benutzt, um sehr dunkelhäutige Menschen zu beschreiben.

Ähnlich erklären sich die zwei unterschiedlichen Worte für 'blau'. Die Nordsudanesen haben die Angewohnheit, insbesondere Südsudanesen als **zurug** zu bezeichnen, also eigentlich als 'die Blauen', gemeint ist aber 'die Schwarzen'. **azrag, zarga** und **zurug** bedeuten bezogen auf Menschen folglich 'schwarz'. Das zweite Wort für 'blau' (**lebenîy** bzw. **lebenîya**) wird demgegenüber ausschließlich für Dinge benutzt.

فانتاستك فود

Eigenschaftswort und Hauptwort verbinden

Möchte man eine Verbindung wie 'kleine Orange' bilden, muß man beachten, daß im Sudanesischen das Eigenschaftswort immer hinter dem Hauptwort steht. Dabei haben entweder beide den bestimmten Artikel **al**, oder beide nicht. In der Einzahl nimmt das Eigenschaftswort hierbei das gleiche Geschlecht wie das Hauptwort an:

jawâz jadîd
Paß (m) neu (m)
ein neuer Paß

al-jawâz al-jadîd
der-Paß (m) der-neue (m)
der neue Paß

muzâri'a fagrâna
Bäuerin (w) arme (w)
eine arme Bäuerin

al-muzâri'a al-fagrâna
die-Bäuerin (w) die-arme (w)
die arme Bäuerin

Alle diese Beispiele stehen in der Einzahl. Bei der Mehrzahl gibt es die Besonderheit, daß nur die Hauptwörter, die einen Menschen bezeichnen auch ein Eigenschaftswort in der Mehrzahl des jeweiligen Geschlechts erhalten.

Bei allen anderen Hauptwörtern in der Mehrzahl folgt das Eigenschaftswort in der weiblichen Einzahl. Das klingt vielleicht unlogisch, ist aber nun einmal so.

muwazzafîn kaslânîn
Beamte faule (Mz,m)
faule Beamte

banâtlîn zarqa
Hosen (Mz) blaue (Ez,w)
blaue Hosen

al-banât as-saghîrât
die-Mädchen die-jungen (Mz,w)
die jungen Mädchen

al-akyâs al-fâdîya
die-Tüten (Mz) die-leere (Ez,w)
die leeren Tüten

(Die Zweizahl ist regelmäßig. Egal, ob Mensch oder Ding, das Geschlecht von Haupt- und Eigenschaftswort ist immer dasselbe.)

Einfache Sätze ohne Verben

Würde man bei einer Verbindung wie **al-jawâz al-jadîd** vor dem Eigenschaftswort einfach den bestimmten Artikel **al** vergessen, erhielte man einen ganz anderen Sinn. Das liegt daran, daß es das deutsche Hilfsverb 'sein' im Sudanesischen nicht als eigenes Wort gibt. Kurze Sätze nur aus Hauptwörtern und Eigenschaftswörtern, in denen es nach unserem Sprachgefühl eigentlich stehen müßte ('Der Sudan ist groß'), werden hier ohne Hilfsverb gebildet. Man stellt einfach das Eigenschaftswort (ohne Artikel!) hinter das Hauptwort, auf das es sich bezieht. Das entsprechende deutsche ist, sind usw. muß dazugedacht werden.

Wichtig ist, daß in der Einzahl wiederum Hauptwort und Eigenschaftswort im Geschlecht aneinander angeglichen werden.

al-jawâz jadîd
der-Paß (m) neu (m)
der Paß ist neu

al-bitt samẖa
das-Mädchen hübsch (w)
das Mädchen ist hübsch

Steht ein Hauptwort, das Menschen bezeichnet in der Mehrzahl, so steht auch das Eigenschaftswort in der Mehrzahl und im gleichen Geschlecht wie das betreffende Hauptwort. Bei Mehrzahlformen von Hauptwörtern, die Dinge bezeichnen, steht das Eigenschaftswort dagegen immer in der weiblichen Einzahl!

al-banât samẖât
die-Mädchen hübsch (Mz,w)
die Mädchen sind hübsch

as̱-s̱uwar ghâlîya
die-Bilder teuer (Ez,w)
die Bilder sind teuer

Bei unbestimmten Konstruktionen, in denen sowohl die Hauptwörter als auch die Eigenschaftswörter ohne den Artikel **al** stehen, hängt es von der Situation ab, wie ein bestimmter Begriff zu verstehen ist.

banât sûdânîyât samhât
Mädchen sudanesische hübsche
hübsche sudanesische Mädchen/Sudanesische Mädchen sind hübsch.

˙arabîya ghâlîya
ein teures Auto / Ein Auto ist teuer.

Bei Aussagen von allgemeiner Gültigkeit benutzen die Sudanesen, anders als hierzulande, jedoch meistens die bestimmte Form, also **al-banât as-sûdânîyât samhât** (*die Mädchen die sudanesischen hübsche,* was bedeutet, die (also alle) sudanesischen Mädchen sind hübsch).

Jetzt können Sie mit einfachen Mitteln schon recht komplexe Sachverhalte und Sätze ausdrücken.

al-wad as-saghîr ˙ayân
der-Junge der-kleine (m) krank (m)
Der kleine Junge ist krank.

al-môya an-nazîfa rachîsa wa lazîza
das-Wasser (w) das-saubere (w) billig (w) und lecker (w)
Das saubere Wasser ist billig und lecker.

dieses & jenes

Begriffe für dieses und jenes existieren auch im Sudanesischen. Sie können mit ihrer Hilfe zum Beispiel kleine Sätze nach dem Muster, das Sie gerade gelernt haben, bilden. **da** (mit einem sehr kurzen *a)* bedeutet 'dies' oder 'das da'. Beachten Sie auch hier, daß es das Hilfsverb 'sein' nicht gibt!

da *êsh
dies Brot
Das ist Brot.

da zabâdi?
dies Joghurt
Ist das Joghurt?

da shinû?
das was
Was ist das da?

da fûl sûdânî!
das Bohnen sudanesisch
Das sind Erdnüsse!

Ob ein solcher Satz als Frage oder als Aussage verstanden wird, hängt ausschließlich von Ihrer Betonung ab.

Ein weiteres wichtiges Einsatzgebiet für die hinweisenden Fürwörter ist die Heraushebung eines Hauptwortes. Hierfür stehen Ihnen folgende Wörter zur Verfügung:

da	dieser; für Hauptwörter (m/Ez)
dî	diese; für Hauptwörter (w/Ez)
dêl	diese; für alle Hauptwörter in der Mz
dâk	jener; für Hauptwörter (m/Ez)
dîk	jene; für Hauptwörter (w/Ez)
dêlak	jene; für alle Hauptwörter in der Mz

Für verschiedene Arten von Hauptwörtern gibt es unterschiedliche Fürwörter. Wie im Deutschen müssen Hauptwort und Fürwort in Geschlecht und Zahl übereinstimmen. Soll ein hinweisendes Fürwort mit einem Hauptwort verbunden werden, so muß diesem Hauptwort der Artikel **al** vorangehen. Das passende Fürwort wird dann an das Hauptwort angehängt.

ash-shây-da lazîz
der-Tee-dieser lecker
Dieser Tee ist lecker.

al-*arabîya-dî bâyza
die-Auto-diese kaputt (w)
Dieses Auto ist kaputt.

ad-darb-dâk ba*îd
der-Weg-jener weit
Jener Weg ist weit.

al-madîna-dîk gadîma
die-Stadt-jene alt
Jene Stadt ist alt.

as-sinîn-dêl kweysa
die-Jahre-diese gut
Diese Jahre sind gut.

an-nâs-dêlak chawâjât
die-Leute-jene Ausländer (Mz/m)
Jene Leute sind Ausländer.

Persönliche Fürwörter

Ez (Einzahl)		Mz (Mehrzahl, m & w)	
ana	ich	**nihna**	wir
inta	du (m)	**intu**	ihr
inti	du (w)		
hûa	er	**hum**	sie
hîya	sie		

Während es im Deutschen nur eine Anredeform für Männer und Frauen in der zweiten Person Einzahl gibt (nämlich 'du'), wird im Sudanesischen zwischen den Geschlechtern unterschieden - allerdings wieder nur in der Einzahl (**inta** für m, **inti** für w); in der Mehrzahl gibt es nur ein Wort für beide Geschlechter **(intu).** In der dritten Person verhält es sich genauso.

Ein extra Fürwort für die besonders höfliche Anrede (wie das deutsche Sie) gibt es nicht. Im Sudanesischen wird durchgängig geduzt, Respekt zollt man den Leuten auf andere Weise (vgl. Kapitel 'Vorstellen').

ana almânî / almânîya // swezrî(ya) // nimsawî(ya) // hulandî(ya)
ich Deutscher / Deutsche // Schweizer(in) // Österr.(in) // Niederl.der(in)
Ich bin Deutscher / Deutsche // Schw.(in) // Öster.(in) // Nld.(in).

nihna chawâjât / chawâjîyât
wir Ausländer / Ausländerinnen
Wir sind Ausländer / Ausländerinnen.

intu sûdânîyîn?
ihr Sudanesen
Seid ihr Sudanesen?

hum kordôfânîyât
sie Kordofanierinnen
Sie sind Frauen aus Kordofan.

Besitzanzeigende Fürwörter

Im Sudanesischen werden die besitzanzeigenden Fürwörter (mein, dein, ihr usw.) hinten an das Wort, auf das sie sich beziehen, angehängt. Wir haben es also wieder mit Endungen zu tun, genauer gesagt mit zwei Endungsreihen, von denen die eine bei Wörtern, die auf einen Mitlaut enden, benutzt wird und die andere bei Wörtern, die auf einen Selbstlaut enden.

Mitlaut	Selbstlaut		Mitlaut	Selbstlaut	
-î	**-yî**	mein	**-na**	**-na**	unser (m/w)
-ak	**-k**	dein (m)			
-ik	**-ki**	deine (w)	**-kum**	**-kum**	euer (m/w)
-u	**-hu**	sein (m)			
-a	**-ha**	ihr (w)	**-um**	**-hum**	ihr (m/w)

Diese Endungen sind sehr wichtig, und sie tauchen im praktischen Leben an vielen Stellen auf. Deshalb ist es am besten, wenn Sie sie schnell auswendig lernen. Dabei hilft es vielleicht, wenn Sie sich je ein Wort als Gedächtnisstütze merken und ihm nacheinander alle Endungen anhängen.

Der bestimmte Artikel **al** fällt bei Wörtern, an die ein besitzanzeigendes Fürwort angefügt wird, weg, da die Wörter durch eben jenes besitzanzeigende Fürwort bestimmt sind.

Der Wortstamm endet mit einem Mitlaut:	**baladî** *Land-mein* mein Land	**baladak** *Land-dein (m)* dein Land
Der Wortstamm endet mit einem Selbstlaut:	**abûhu / abûha** *Vater-sein/Vater-ihr (Ez,w)* sein Vater / ihr Vater	**abûhum** *Vater-ihr (Mz,m/w)* ihr Vater

Leider gibt es auch hier Besonderheiten: Bei Hauptwörtern mit der weiblichen Endung **a** (also im Grunde Wörter, die mit einem Selbstlaut enden) wird die Reihe der besitzanzeigenden Fürwörter, die eigentlich für Wörter auf Mitlaut vorgesehen ist, verwendet. Zwischen Hauptwort und Endung tritt ein zusätzliches **t** (genau wie bei den zusammengesetzten Hauptwörtern):

guffatî *Korb-mein* mein Korb	**guffatna** *Korb-unser* unser Korb	**guffatkum** *Korb-euer (Mz,m/w)* euer Korb
guffatak *Korb-dein (m)* dein Korb	**guffata** *Korb-ihr (Ez,w)* ihr Korb	**guffatum** *Korb-ihr (Mz,m/w)* ihr Korb

(Das **h** von **hum** (ihr) ist in den Fällen, in denen es direkt an einen Mitlaut angehängt wird, nicht mehr hörbar. **guffathum** wird also zu **guffatum.**)

Auch wenn ein Hauptwort auf zwei Mitlaute endet, tut sich etwas: In der Mehrzahl werden alle besitzanzeigenden Fürwörter leicht verändert. Der Grund dafür ist, daß drei Mitlaute hintereinander kaum ausgesprochen werden können. Leider verfahren die Sudanesen und Sudanesinnen hier nicht ganz einheitlich.

î	mein	**ana**	unser
ak	dein (m)	**akum**	euer (m / w)
ik	deine (w)		
u	sein (m)	**ahum**	ihr (m / w)
aha	ihr (w)		

Hauptwort auf zwei Mitlaute:

ismî *Name-mein* mein Name	**ismana** *Name-unser* unser Name	
ismak *Name-dein (m)* dein (m) Name	**ismik** *Name-dein (w)* dein (w) Name	**ismakum** *Name-euer* euer (Mz,m/w) Name
ismu *Name-sein* sein Name	**ismaha** *Name-ihr* ihr (Ez,w) Name	**ismahum** *Name-ihr* ihr (Mz,m/w) Name

Hilfsverben

Hilfsverben sind Verben (Tätigkeitswörter), die die Art und Weise, in der eine Tätigkeit ausgeführt wird, beschreiben. Auch das Sudanesische besitzt verschiedene Begriffe, die die Funktion solcher Verben ausfüllen. Ihr Gebrauch ist einfacher zu lernen als der ihrer deutschen 'Schwestern' und überdies sehr nützlich.

Die wichtigsten dieser Begriffe sind:

***auz / dair**	wollen, möchten	***ind**	bei sich haben
lâzim	müssen	**hagg / bitâ***	besitzen, gehören zu
mumkin	möglich sein, dürfen		

*aiz / dair

Die sudanesischen Worte für 'wollen' kennen Sie schon – jedenfalls was die erste Person betrifft. Ob Sie ***auz** oder **dair** verwenden, ist völlig egal. Beide haben die gleiche Bedeutung.

***aiz / dair** ich will		***aizîn / dairîn** wir wollen
***auz / dair** du (m) willst	***auza / daira** du (w) willst	***aizîn / dairîn** ihr wollt
***auz / dair** er will	***auza / daira** sie (Ez,w) will	***aizîn / dairîn** sie wollen

An eine Form von ***aiz** oder **dair** kann ein beliebiges Hauptwort anschlossen werden.

dair môya!	***aizîn al-bâs-da?**
ich-möchte Wasser	*ihr-wollt* (Mz) *der-Bus-dieser*
Ich möchte Wasser.	Wollt ihr diesen Bus?

lâzim

lâzim bezeichnet die Notwendigkeit. Es kann allein stehen, wird aber meistens in Verbindung mit einem persönlichen Fürwort (S. 35) oder einem Vollverb (S. 46) gebraucht. Das Wort als solches verändert sich nicht, es kann höchstens eine zusätzliche Endung erhalten, wobei dann wie gehabt der letzte kurze Selbstlaut ausfallen kann.

lâzim namshi ilâ ad-doktôr
nötig wir-gehen zu der-Doktor
Wir müssen zum Arzt gehen.

mumkin

Mit **mumkin** wird die Möglichkeit ausgedrückt, und zwar sowohl im rein technischen Sinne als auch als Anfrage, ob man etwas Bestimmtes tun darf. Es wird meistens zusammen mit einem Vollverb verwendet, kann aber auch verkürzt ohne ein solches stehen.

mumkin as-sukkar?
möglich der-Zucker
Kann ich bitte den Zucker haben?

mumkin bukra?
möglich morgen
Geht es morgen?

*ind

Sehr hilfreich ist auch der Begriff ***ind,** eigentlich eine Präposition, die 'bei sich haben' bedeutet. An dieses Wort müssen Sie lediglich eine der Endungen für persönliche Fürwörter anschließen. Wenn Sie danach noch ein Hauptwort folgen lassen, haben Sie einen Satz wie:

***indî ṣûratên** (bei-mir Photo-zwei) Ich habe zwei Photos bei mir.

Beachten Sie aber, daß auch hier wieder **na** zu **ana, kum** zu **akum, a** zu **aha** und **um** zu **ahum** wird, denn drei Mitlaute hintereinander sind im Sudanesischen verboten.

***indî** *bei-mir*		***indana** *bei-uns*
***indak** *bei-dir (m)*	***indik** *bei-dir (w)*	***indakum** *bei-euch*
***indu** *bei-ihm*	***indaha** *bei-ihr*	***indahum** *bei-ihnen*

***indaha kitâb jadîd**
bei-ihr Buch neu
Sie hat ein neues Buch dabei.

al-muftâh *indakum?
der-Schlüssel bei-euch
Habt ihr den Schlüssel dabei?

hagg / bitâ*

Im Sudanesischen wird das deutsche 'haben' in verschiedene Teilbedeutungen aufgegliedert. Oben hatten wir die Entsprechung für 'bei sich haben' kennengelernt, jetzt kommt 'besitzen, gehören'. Dafür gibt es zwei gleichbedeutende Ausdrücke, **hagg** und **bitâ***. Zu beiden gibt es eine weibliche Form: **haggat** (w) und **bitâ*at** (w).

Dieses Wort wird einfach zwischen zwei Hauptwörter gestellt und gleicht sich dabei im Geschlecht dem vorderen der beiden Hauptwörter an. Das vordere Hauptwort muß aber hier durch den Artikel **al** bestimmt sein!

al-bâs hagg as-sawâg
der-Bus gehörend-zu (m) der-Fahrer
Der Bus gehört dem Fahrer.

al-lakonda haggat Ahmad
die-Herb.ge gehörend-zu (w) Ahmad
Die Herberge gehört Ahmad.

al-*arabîya-dî bitâ*at Layla
das-Auto-dieses (w) gehörend-zu (w) Layla
Dieses Auto gehört Layla.

Ob **da bêtî** (*dies Haus-mein)* oder **al-bêt-da bitâ*î** (*das-Haus-dieses gehörend-mir)* – die Bedeutung ist exakt die gleiche.

Es können aber einige Aussagen darüber getroffen werden, wann die Sudanesen welche Möglichkeit benutzen. Die Variante, an das Haupwort ein besitzanzeigendes Fürwort anzuhängen, wird immer dann bevorzugt, wenn es um Dinge geht, die eng mit einer Person verbunden sind. Solche Dinge wären z. B. andere Personen (**ummî** – meine Mutter), Körperteile (**îda** – ihre (Ez, w) Hand), aber auch die Nationalität. Dann gibt es Begriffe, die im Sprachgebrauch zu einer festen Einheit verwachsen sind wie **ma<u>h</u>attat al-gi<u>t</u>ar** – Bahnhof.

In nahezu allen anderen Fällen ist der Gebrauch von **hagg** oder **bitâ*** verbreiteter, auch wenn er nach unserem Verständnis umständlicher erscheint. Sie werden also häufiger auf **al-bêt bitâ*î** als auf **bêtî** treffen. Doch beides ist richtig, und beides wird verstanden. Wählen Sie für sich die Möglichkeit, die Ihnen mehr liegt!

Steigerung von Eigenschaftswörtern

Wie im Deutschen können Eigenschaftswörter gesteigert werden (schön, schöner, am schönsten). Als Steigerungsformen gibt es die Vergleichsform (schöner) und Höchstform (am schönsten).

Vergleichsform und Höchstform werden durch die Veränderung der Selbstlaute des männlichen Eigenschaftsworts gebildet. Die meisten Eigenschaftswörter bestehen aus drei Mitlauten und zwei Selbstlauten. Bei ihnen ist die Sache einfach:

- 1. Vor dem erstem Mitlaut wird ein **a** gesetzt.
- 2. Der Selbstlaut hinter dem ersten Mitlaut fällt weg.
- 3. Der Selbstlaut zwischen dem zweiten und dritten Mitlaut wird durch ein weiteres **a** ersetzt.

In eine Formel gepackt, sieht das so aus:

Aus dem Eigenschaftswort		M^1 S^1 M^2 S^2 M^3
zum Beispiel:		**b â r i d**
wird die Vergleichsform		a M^1 M^2 a M^3
zum Beispiel:	a b [â] r [i] a d	= **a b r a d**

Diese Formel mag mathematisch denkenden Menschen ein wenig helfen. Sie müssen sie natürlich nicht lernen. Das System, das hinter ihr steht, prägt sich auch durch Zuhören und Üben ein.

bârid	kalt	**abrad**	kälter
suchun	heiß	**as'chan**	heißer
garîb	nah	**agrab**	näher
ba*îd	weit	**ab*ad**	weiter
ṯawîl	lang	**aṯwal**	länger
gas̲îr	kurz	**ags̲ar**	kürzer

Bei Eigenschaftswörtern, deren zweiter und dritter Mitlaut identisch ist, läuft das Verfahren ganz ähnlich: ein **a** an den Anfang und dann den letzten Selbstlaut, der die beiden gleichen Mitlaute trennt, weglassen. Fertig!

shadîd	stark	**ashadd**	stärker
chafîf	leicht	**achaff**	leichter

Dann gibt es noch Eigenschaftswörter, die scheinbar (!) nur zwei Mitlaute haben. Ein solches Wort wäre etwa **hilû** (süß). Auch hier wird wieder ein **a** vorangestellt, der erste Selbstlaut des Eigenschaftsworts fällt ersatzlos aus, und der zweite wandelt sich zu einem **a**:

hilû	süß	**ahla**	süßer
ghâlî	teuer	**aghla**	teurer

Alle Eigenschaftswörter, die nicht zu diesen drei Gruppen gehören, können Sie einfach mit dem Wort **aktar** (mehr) steigern. Wenn man sich nicht sicher ist, kann die letztgenannte Methode auch bei Eigenschaftswörtern angewendet werden, die eigentlich zu einer der drei obigen Gruppen gehören.

Bei der Vergleichsform gibt es keine männliche, keine weibliche und keine Mehrzahlform, sondern nur ein einziges Wort. Verglichen wird mit Hilfe des Wortes **min** (als), die man hinter die Vergleichsform stellt:

ana akbar minu wa asghar mina
ich älter als-er und jünger als-sie (Ez,w)
Ich bin älter als er und jünger als sie.

Die Höchstform bildet man, indem man den bestimmten Artikel **al** vor die Vergleichsform setzt. **al-aghla** wäre folglich der, die oder das teuerste.

da al-bêt al-akbar fî-l-madîna
dies das-Haus das-größer in-die-Stadt
Dies ist das größte Haus in der Stadt.

Es gibt noch eine andere Variante zur Bildung der Höchstform, die genauso richtig ist. Man stellt die Vergleichsform vor das Hauptwort, beide ohne Artikel. Allerdings kann es verwirrend sein, daß mit der Vergleichsform die Höchstform gebildet wird:

da akbar bêt fî-l-madîna
dies größer Haus in-die-Stadt
Dies ist das größte Haus in der Stadt.

Eine direkte Übersetzung zu dem deutschen 'zu groß', 'zu teuer' usw. gibt es nicht. Am ehesten entspricht dem das ganz normale Eigenschaftswort mit dem Zusatz **shadîd** (sehr):

da ghâlî shadîd
dies teuer sehr
Das ist sehr teuer!

al-jabal *âlî shadîd
der-Berg hoch sehr
Der Berg ist sehr hoch.

Das Verb

Das Verb (Tätigkeitswort) im Sudanesischen ist weniger schwierig zu lernen als im Deutschen. Es gibt nur zwei Grundformen, die Vergangenheit und die Gegenwart. Mit komplizierten Konstruktionen muß man sich also nicht herumschlagen.

Wie erwähnt, bestehen arabische Wörter fast immer aus einer Wurzel von drei Mitlauten (M^1, M^2, M^3), einigen eingefügten Selbstlauten (etwa S^1, S^2) plus eventueller Vorsilbe und/oder Nachsilbe. Beim Verb muß man sich nun wieder etwas genauer mit diesem Umstand beschäftigen. Ausgangspunkt hierfür ist die sogenannte Grundform. Diese kommt in allen Varianten des Arabischen vor. Die Grundform ist die einfachste Form des Verbs, denn sie besteht nur aus den besagten drei Mitlauten und zwei Selbstlauten ohne Vor- oder Nachsilbe. Diese Form gibt das Verb in der dritten Person Einzahl in der Vergangenheit wieder. Unter dieser Form finden sich Verben auch im Wörterbuch wieder (und nicht etwa in der Grundform).

Die Grundform **daras** bedeutet somit 'er lernte' (oder 'er hat gelernt'; beide Vergangenheitsformen fallen im Arabischen zusammen). Alle anderen Personen können Sie durch bestimmte Ergänzungen dieses Stamms erhalten. Das persönliche Fürwort (in diesem Beispiel wäre dies **hûa** – er) muß nicht noch einmal extra erwähnt werden, denn durch die jeweilige Form des Verbs ist meistens klar, welche Person gemeint ist.

Das Verb in der Vergangenheit

Die Vergangenheitsendungen für Personen lauten:

Einzahl		Mehrzahl	
-ta	ich	**-na**	wir
-ta	du (m)		
-ti	du (w)	**-tu**	ihr
-	er (Grundform)	**-û**	sie
-at	sie		

Zur Veranschaulichung hier ein Beispiel:

sâfar	er reiste		
sâfarta	ich reiste	**sâfarna**	wir reisten
sâfarta	du (m) reistest	**sâfartu**	ihr reistet
sâfarti	du (w) reistest		
sâfar	er reiste	**sâfarû**	sie reisten
sâfarat	sie reiste		

Die Selbstlaute der Wurzel sind in der Vergangenheit immer **a-a** oder **i-i.** Bei den Verben mit **i-i** fällt im Sudanesischen zudem das zweite **i** aus, wenn die angefügte Vergangenheitsendung mit einem Selbstlaut beginnt (also bei **-at** und **-û**). Zur Veranschaulichung ein Verb mit **i-i:**

shirib	er trank		
shiribta	ich trank	**shiribna**	wir tranken
shiribta	du (m) trankst	**shiribtu**	ihr trankt
shiribti	du (w) trankst		
shirib	er trank	**shirbû**	sie tranken
shirbat	sie trank		

Dieses Muster kann auf die meisten Verben des Sudanesischen angewendet werden. Doch gibt es auch hier Ausnahmen, und zu diesen zählen leider einige häufig benutzte Verben. Im Deutschen gibt es Verben, bei denen sich bei der Beugung die Selbstlaute verändern (z. B. essen - wir aßen - du ißt). Solche Verben gibt es auch im Sudanesischen.

Zwei Mitlaute & langer Selbstlaut

Verben mit nur zwei Mitlauten und langem Selbstlaut in der Wurzel haben in der Grundform, also der 3. Pers. Ez, m, immer ein langes **â.** Dieses **â** findet man in allen Formen der dritten Person (Ez,m + Ez,w + Mz), es verändert sich in der ersten und zweiten Person aber leider zu **u,** bei einigen Verben auch zu **i.**

gâl	er sagte		
gulta	ich sagte	**gulna**	wir sagten
gulta	du (m) sagtest		
gulti	du (w) sagtest	**gultu**	ihr sagtet
gâl	er sagte	**gâlû**	sie sagten
gâlat	sie sagte		

Das Verb **gâl** hat sich in der Umgangssprache mittlerweile so abgeschliffen, daß das **l** bei folgenden Formen mit dem Selbstlaut **u** kaum noch zu hören ist: **gulta** wird oft zu **gutta, gulti** zu **gutti, gultu** zu **guttu.**

Genauso werden gebildet **jâb** – er brachte; **kân** – er war; **shâf** – sehen; **châf** – Angst haben, sich fürchten; **shâl** – nehmen.

Zweiter & dritter Wurzelmitlaut gleich

Diese Verben haben das zweite **a** der Grundform nicht zwischen den beiden (hier gleichen) hinteren Mitlauten, sondern ganz am Ende (**ẖabba**). Bei ihnen sind die Endungen, die die erste und zweite Person bezeichnen, etwas verändert. Alle dritten Personen verändern sich nicht! Die Endungen lauten:

ich	**-êt**	wir	**-êna**
du (m)	**-êt**		
du (w)	**-êti**	ihr	**-êtu**
er (Grundform)	-	sie	**-û**
sie	**-at**		

ẖabba	er liebte / mochte / hatte gern		
ẖabbêt	ich liebte	**ẖabbêna**	wir liebten
ẖabbêt	du (m) liebtest		
ẖabbêti	du (w) liebtest	**ẖabbêtu**	ihr liebtet
ẖabba	er liebte	**ẖabbû**	sie liebten
ẖabbat	sie liebte		

Zu dieser Gruppe gehören auch Verben, die scheinbar nur zwei Mitlaute haben, wie **gara** (er las) und **masha** (er ging). Ihre Wurzel hat den letzten, also den dritten, Mitlaut verloren. Sie nehmen dieselben Endungen an wie **ẖabba.**

Zu guter Letzt noch ein einzelnes unregelmäßiges Verb: **jâ** (er kam). Es wird sehr häufig benutzt.

jâ	er kam		
jît	ich kam	**jîna**	wir kamen
jîta	du (m) kamst	**jîtu**	ihr kamt
jîti	du (w) kamst		
jâ	er kam	**jô**	sie kamen
jât	sie kam		

kân - er war

Von den Verben mit nur zwei Mitlauten und langem Selbstlaut ist **kân**, die sudanesische Entsprechung zu 'sein', das mit Abstand wichtigste! Sie werden es in vielen Fällen brauchen. Mit seiner Hilfe können Sie alle Sätze ohne Verb, (vergleiche 'Einfache Sätze ohne Verben'), in die Vergangenheit setzen.

Links Beispiele für die Gegenwart und rechts für die Vergangenheit.

al-giṯar malyân
der-Zug voll
Der Zug ist voll.

kân al-giṯar malyân
er-war der-Zug voll
Der Zug war voll.

aṯ-ṯâliba mabsûṯa
die-Schülerin zufrieden (w)
Die Schülerin ist zufrieden.

kânat aṯ-ṯâliba mabsûṯa
sie-war die-Schülerin zufrieden (w)
Die Schülerin war zufrieden.

Sie können das Hilfsverb **kân** auch benutzen, um die anderen Hilfsverben in die Vergangenheit zu setzen.

***aiz / dair** - ich will

kunta *aiz / dair - ich wollte
kuntu *aizîn /dairîn - ihr wolltet

kân + *ind + besitzanzeigendes Fürwort

Außer im obigen Fall wird **kân** unpersönlich benutzt.

kân *indî ...
war bei-mir
ich hatte ... dabei

Gleiches gilt für die Begriffe **lâzim, mumkin, hagg / bitâ*:**

kân lâzim *indu gurûsh ketîr
es-war nötig bei-ihm Geld (Mz) viel
Er mußte viel Geld bei sich haben.

mumkin kân fî maṯar
möglich war es-gibt Regen
Möglicherweise hat es geregnet.

al-*arabîya-dî kânat haggatna / bitâ*atna
das-Auto-dieses sie-war (w) gehörend-zu (w) -unser
Dieses Auto hat uns gehört.

Das Verb in der Gegenwart

Die Gegenwart der Verben wird ähnlich der Vergangenheitsform gebildet. Ausgangspunkt ist auch hier wieder die dritte Pers., Ez, m, des Verbes in der Vergangenheit. Bei dieser Wurzel streicht man nun die Selbstlaute, so daß z. B. aus **daras** nun **drs** wird. Zu diesem Stamm treten jetzt in allen Personen eine Vorsilbe und in der zweiten und dritten Person Mehrzahl eine Endung. Damit die Aussprache leichter fällt, wird zwischen den zweiten und dritten Mitlauten der Wurzel noch ein neuer Selbstlaut eingeschoben.

Leider lassen sich kaum praktikable Regeln dafür aufstellen, wann hier nun ein **u,** ein **i** oder ein **a** eingesetzt wird. Es hilft hier nur, mit der Vergangenheits-Grundform jedes Verbs sofort die entsprechende Gegenwartsform mitzulernen. Das ist auch deshalb nötig, weil bei der Beugung solcher Verben, die in der Gegenwart als zweiten Selbstlaut ein **i** oder **u** haben, eine Besonderheit auftritt (siehe unten). Selbstverständlich sind die Gegenwartsformen (zusammen mit der Vergangenheitsform und ebenfalls in der dritten Person, Einzahl, männlich) im Wörterverzeichnis aufgeführt.

Mit der Gegenwartsform des Verbs lassen sich im Sudanesischen verschiedene Funktionen ausdrücken. Die wichtigsten sind:

normale Gegenwart	**nadrus**	wir lernen
gewohnheitsmäßige Tätigkeiten	**binadrus**	wir lernen (öfters)
Zukunft	**ha-nadrus**	wir werden lernen
die Befehlsform	**adrusû!**	Lernt!

Die vier Formen für die angeführten Funktionen sind ähnlich aufgebaut, aber nicht identisch. Der Kern **drus** wird durch Vor- und Nachsilben ergänzt. Es gibt zwei Bildungsweisen, deren grundsätzlicher Unterschied darin liegt, ob dem Kern ein **bi** vorangestellt wird oder nicht.

Verben in der Gegenwart ohne bi-

Bei diesen Verben wird in der Wurzel (z. B. **drs**) zwischen dem zweiten und dritten Mitlaut ein Selbstlaut eingefügt (z. B. **drus**). In allen Beugungsformen erhalten die Verben außerdem eine Vorsilbe. Für einige Formen wird eine zusätzliche Endung angehängt.

Einzahl	Mehrzahl
ich **a** ...	wir **na** ...
du (m) **ta** ...	ihr **ta** ... **u**
du (w) **ta** ... **i**	
er **ya** ...	sie **ya** ... **u**
sie (w) **ta** ...	

Die Formen für du (m) und sie (w) sind identisch.

raja*	er kam zurück	**yarja***	er kommt zurück
arja*	ich komme zurück	**narja***	wir kommen zurück
tarja*	du (m) kommst zurück		
tarja*i	du (w) kommst zurück	**tarja*u**	ihr kommt zurück
yarja*	er kommt zurück	**yarja*u**	sie kommen zurück
tarja*	sie kommt zurück		

Mit der Gegenwart können auch die schon bekannten Hilfswörter ***aiz / dair** – wollen, möchten, **lâzim** – müssen und **mumkin** – es ist möglich / vielleicht kombiniert werden.

mumkin (ana) amshi?
möglich (ich) ich-gehe
Darf ich gehen?

dairîn nargus al-leyla
wollend(Mz) wir-tanzen heute
Wir wollen heute tanzen.

Die Befehlsform

Von den einfachen Gegenwarts-Verben ohne die Vorsilbe **bi-** wird die Befehlsform (Imperativ) abgeleitet. Es gibt zwei leicht unterschiedliche Bildungsweisen je nach Verbtyp. Sie sind beide sehr einfach zu lernen. Nehmen wir zuerst die große Menge der Verben, deren Wurzel ganz regelmäßig nach dem Muster 'M^1 S^1 M^2 S^2 M^3' aufgebaut ist. Ein solches Verb wäre z.B **katab**. Nimmt man nun die Gegenwartsform für die erste Person Einzahl **aktib**, hat man schon die Form, mit der man einen Befehl an einen Mann richtet. Möchte man einer Frau etwas befehlen, hängt man einfach ein **i** an, und wenn es sich um mehr als eine Person handelt, wird stattdessen ein **u** angeschlossen. In der Mehrzahl ist es egal, ob es sich um Frauen, um Männer oder um eine gemischte Gruppe handelt.

aktib!
ich-schreibe(!)-du (m)
Schreibe!

aktibi!
ich-schreibe(!)-du (w)
Schreibe!

aktibu!
ich-schreibt(!)-ihr
Schreibt!

Die meisten übrigen Verben, bilden die Befehlsform ohne das Anfangs-**a**, das lediglich verhindern soll, daß am Wortanfang zwei Mitlaute miteinander ausgesprochen werden müssen:

chashsh – yachushsh er trat ein – er tritt ein

chushsh!	**chushshi!**	**chushshu!**
eintret(!)-du (m)	*eintret(!)-du* (w)	*eintret(!)-ihr*
Tritt ein!	Tritt ein!	Tretet ein!

Einen verneinten Befehl drückt man mit Hilfe des Verneinungswortes **ma** (nicht), dem man das normale Gegenwartsverb in der Form für die zweite Person voranstellt, aus.

ma tukazzib!	**ma tajîbu!**	**ma tadhaki!**
nicht du-lügst (m)	*nicht ihr-bringt (Mz, m und w)*	*nicht du-lachst (w)*
Lüge nicht!	Bringt nicht!	Lache nicht!

Im sudanesischen Sprachgebrauch wird die Befehlsform häufiger und mit leicht anderer Bedeutung angewendet als im Deutschen. Man gebraucht sie nicht nur für tatsächliche Befehle, sondern auch für freundlich gemeinte Aufforderungen, ja sogar für Bitten. So klingt der folgende Satz in unseren Ohren recht grob, kann aber durchaus freundlich gemeint sein:

asma* yâ walad, jîb môya!
hör oh Junge, bring Wasser
Hey Junge, kannst du mal Wasser bringen?

Mit den oben angeführten Regeln können Sie die Mehrheit der Befehlsformen richtig bilden. Es gibt jedoch einige Ausnahmen, hier die zehn wichtigen:

	(m, Mz)	(w, Ez)	(Mz)
bring!	**jîb!**	**jîbî!**	**jîbû!**
geh!	**amshî!**	**amshî!**	**amshû!**
iß!	**ukl!**	**uklî!**	**uklû!**
komm!	**ta*âl!**	**ta*âlî!**	**ta*âlû!**
mach!	**a*mal!**	**a*malî!**	**a*malû!**
nimm!	**shîl!**	**shîlî!**	**shîlû!**
sag!	**gûl!**	**gûlî!**	**gûlû!**
sieh!	**shûf!**	**shûfî!**	**shûfû!**
trink!	**ashrab!**	**ashrabî!**	**ashrabû!**
tritt ein!	**chushsh!**	**chushshî!**	**chushshû!**

Verben in der Gegenwart mit bi-

Diese Variante der Gegenwartsform wird am meisten gebraucht. Sie ist eine Weiterentwicklung der oben erklärten normalen Gegenwart ohne **bi-**. Die Nachsilben bleiben in allen Personen exakt die gleichen, die Vorsilben werden alle durch **bi-** ergänzt. Dieses **bi-** bedeutet, daß die Tätigkeit entweder jetzt, im Moment oder aber gewohnheitsmäßig, regelmäßig ausgeführt wird. **bigra** (m,Ez) kann also heißen 'er ließt gerade' oder aber 'er liest regelmäßig'.

In der 1. Pers. Ez und der 3. Pers. Ez und Mz ergibt sich die Besonderheit, daß die ursprüngliche Vorsilbe **(a, ya, ya)** ganz wegfällt und durch **bi-** ersetzt wird. Die Vor- und Nachsilben um die Wurzel lauten:

Einzahl		Mehrzahl	
ich	**bi ...**	wir	**bina ...**
du (m)	**bita ...**		
du (w)	**bita ... i**	ihr	**bita ... u**
er	**bi ...**		
sie (w)	**bita ...**	sie	**bi ... u**

shirib - bishrib	er trank - er trinkt		
bishrib	ich trinke	**binashrib**	wir trinken
bitashrib	du (m) trinkst	**bitashribu**	ihr trinkt
bitashribi	du (w) trinkst		
bishrib	er trinkt	**bishribu**	sie trinken
bitashrib	sie trinkt		

Leider gibt es auch bei der Bildung der Gegenwart Ausnahmen. Meist sind die Verben, bei denen solche Unregelmäßigkeiten auftreten, identisch mit denjenigen, bei denen auch schon die Vergangenheit unregelmäßig war. Dazu zählen auch die Verben, die nur zwei Mitlaute und einen lange Selbstlaut in der Wurzel haben, z. B.:

gâl - bigûl	er sagte - er sagt		
bigûl	ich sage	**binagûl**	wir sagen
bitagûl	du (m) sagst	**bitagûlu**	ihr sagt
bitagûli	du (w) sagst		
bigûl	er sagt	**bigûlu**	sie sagen
bitagûl	sie sagt		

Genauso:	
jâb - bijîb	er brachte - er bringt
kân - bikûn	er war - er ist
shâf - bishûf	er sah - er sieht
châf - bichâf	er hatte Angst - er hat Angst
shâl - bishîl	er nahm / räumte ab - er nimmt, er räumt ab

Verneinung der Verben

Verben in der Vergangenheit und Gegenwart werden mit dem Wort **ma** verneint, das man vor das Verb stellt. Bei der Gegenwart wird die Form mit der Vorsilbe **bi-** benutzt.

Gegenwart mit bi-

ma bishtari *nicht ich-kaufe* Ich kaufe nicht.		**ma binashtari** *nicht wir-kaufen* Wir kaufen nicht.
ma bitashtari *nicht du-kaufst (m)* Du kaufst nicht.	**ma bitashtari** *nicht du-kaufst (w)* Du kaufst nicht.	**ma bitashtaru** *nicht ihr-kauft* Ihr kauft nicht.
ma bishtari *nicht er-kauft* Er kauft nicht.	**ma bitashtari** *nicht sie-kauft (Ez,w)* Sie kauft nicht.	**ma bishtaru** *nicht sie-kaufen* Sie kaufen nicht.

Vergangenheit

ma sallamta *nicht ich-grüßte* Ich grüßte nicht.		**ma sallamna** *nicht wir-grüßten* Wir grüßten nicht.
ma sallamta *nicht du-grüßtest (m)* Du grüßtest nicht.	**ma sallamti** *nicht du-grüßtest (w)* Du grüßtest nicht.	**ma sallamtu** *nicht ihr-grüßtet* Ihr grüßtet nicht.
ma sallam *nicht er-grüßte* Er grüßte nicht.	**ma sallamat** *nicht sie-grüßte (Ez,w)* Sie grüßte nicht.	**ma sallamu** *nicht sie-grüßten* Sie grüßten nicht.

*addâ - bi*addî mit zwei Objekten

Das sudanesische Verb für 'geben' ist unregelmäßig. Darüber hinaus kann es (wie im Deutschen) mit zwei Ergänzungen, d. h. Objekten stehen:

***addêt al-bitt al-môya**
gab-ich das-Mädchen das-Wasser
Ich gab dem Mädchen das Wasser.

Die beiden Ergänzungen (**al-bitt** – das Mädchen und **al-môya** – das Wasser) sind nicht unterscheidbar: Der 3. Fall und der 4. Fall (Dativ und Akkusativ) sind im Sudanesischen von der Form her gleich. Die beiden Objekte werden einfach hintereinandergestellt. Der 3. Fall geht dem 4. Fall voraus.

Anders verhält es sich, wenn anstelle von Ergänzungen besitzanzeigende Fürwörter verwendet werden. Dann wird das zweite mit der Vorsilbe **lê-** verbunden, die man am ehesten mit dem deutschen 'für' gleichsetzten könnte. Im Folgenden wird das Verb 'geben' einmal in verschiedenen Formen und verbunden mit besitzanzeigenden Fürwörtern widergegeben.

***addêtu lêk**
ich-gab-er für-dein
Ich gab ihn dir.

***addêta lêna**
du(m)-gabst-sie(Ez,w) für-unser
Du gabst sie uns.

***addêtihum lêhum**
du(w)-gabst-sie(Mz) für-ihr(Mz)
Du gabst sie ihnen.

***addênahu lêkum**
wir-gaben-er für-euer
Wir gaben es euch.

***addêtu lêy** (verkürzt von 'le'î')
ihr-gabt-er für-mein
Ihr gabt ihn / es mir.

Die zehn wichtigsten Basisverben

Vergangenheit	Gegenwart mit bi-	
jâb	**bijîb**	bringen
akala	**biâkul**	essen
***adâ**	**bi*adî**	geben
masha	**bimshi**	gehen
ẖabba	**biẖibb**	gern haben, lieben
jâ	**bijî**	kommen
shâl	**bishîl**	nehmen
itkallam	**bitkallam**	reden, sprechen
shirib	**bishrib**	trinken
faham	**bifham**	verstehen

Weitere nützliche Verben

Vergangenheit	Gegenwart mit bi-	
was̲al	**biyas̲al**	ankommen
irtâh̲	**birtâh̲**	ausruhen (sich)
zâr	**bizûr**	besuchen
ih̲tâj	**bih̲tâj**	benötigen, brauchen
dafaʿ	**bidfaʿ**	bezahlen
rikib	**birkab**	fahren (mit), reiten
liga	**bilga**	finden
sa'al	**bis'al**	fragen
sallam	**bisallim**	grüßen
itzawwaj	**bitzawwaj**	heiraten
sâʿad	**bisâʿid**	helfen
simiʿ	**bismaʿ**	hören (zu-)
gara	**bigra**	lesen
s̲awwar	**bis̲awwir**	photographieren
sâfar	**bisâfir**	reisen
gâl	**bigûl**	sagen
nâm	**binâm**	schlafen
katab	**biktib**	schreiben
shâf	**bishûf**	sehen
kân	**bikûn**	sein
gaʿad	**bigʿod**	setzen (sich hin-)
chat̲t̲	**bichut̲t̲**	setzen, stellen, legen
itfassah̲	**bitfassah̲**	spazierengehen
lâga	**bilâgi**	treffen (jemanden)
ʿamal	**biʿmil**	tun, machen
bâʿ	**bibîʿ**	verkaufen
t̲alab	**bit̲lub**	verlangen, bestellen
sakan	**biskun**	wohnen
warra	**biwarri**	zeigen
ajaʿ	**birjaʿ**	zurückkommen

(Der deutsche Infinitiv steht in der Übersetzung nur der Einfachheit halber. Die arabischen Formen stehen eigentlich in der 3. Ez, m!)

Das Mittelwort (Partizip)

Im Sudanesischen wird das aktive Mittelwort (z. B. gehend, laufend, wohnend) sehr häufig gebraucht. Es ist einfach zu bilden, und mit seiner Hilfe können Sie die Schwierigkeiten der Verbbeugung in vielen Fällen umgehen. Besonders oft trifft man auf das Mittelwort beim Ausdruck von Handlungen, die gerade ausgeführt werden (z. B. lernend) oder dauernden Zuständen (z. B. wohnend).

Die große Mehrheit der Mittelwörter wird regelmäßig und nach einem einfachen Schema gebildet: Sie nehmen die Wurzel des betreffenden Verbes (z. B. **d-r-s** für 'lernen') und fügen ein langes **â** nach dem ersten Mitlaut (M^1) und ein kurzes **i** nach dem zweiten Mitlaut (M^2) ein:

M^1 **+ â +** M^2 **+ i +** M^3

Aus diesem Muster entstehen dann Wörter wie

dâris	**fâhim**	**sâkin**
lernend (m)	verstehend (m)	wohnend (m)

Diese Wörter sind die männliche Grundform des Mittelworts in der Einzahl. Soll die Handlung einer Frau ausgedrückt werden, wird an das Mittelwort das schon bekannte **a** angehängt. Gleichzeitig fällt das i nach dem zweiten Mitlaut ersatzlos weg. Die obigen Beispiele verwandeln sich also in M^1 **â** M^2 M^3 **a:**

dârsa	**fâhma**	**sâkna**
lernend (w)	verstehend (w)	wohnend (w)

Sollen mehrere Menschen bezeichnet werden, so wird der Grundform ein **în** angehängt. Auch hier fällt das **i** nach dem zweiten Mitlaut aus **(**M^1 **â** M^2 M^3 **în).**

dârsîn	**fâhmîn**	**sâknîn**
lernend (Mz)	verstehend (Mz)	wohnend (Mz)

Die Endung **în** bezeichnet eigentlich eine männliche Mehrzahl. Im Sudanesischen stehen die Mittelwörter auf **în** aber für beide Geschlechter. Die spezielle Endung für die weibliche Mehrzahl **ât** wird fast nie benutzt.

Verben mit nur zwei Mitlauten und einem langen Selbstlaut in der Wortwurzel bilden das Mittelwort (Partizip), indem dieser lange Selbstlaut zu einem **y** umgewandelt wird. Ansonsten verhalten sich diese Verben regelmäßig. Viele der in dieser Liste aufgeführten Mittelwörter entsprechen diesem Typ.

Wenn nun **dâris** eine Handlung bezeichnet, die von einem Mann ausgeführt wird, kann das Wort also genausogut 'ich (m) lerne' als auch 'du (m) lernst' oder 'er lernt' bedeuten. Letzte Klarheit kann hier manchmal nur ein vorangestelltes persönliches Fürwort schaffen.

Das Mittelwort in der Vergangenheit

Mittelwörter werden durch Voranstellung der Vergangenheitsform des Verbes **kân – bikûn** (er war – er ist) in die Vergangenheit gesetzt. Sie nehmen die entsprechende Variante von **kân** und stellen ihr die passende Form des Mittelworts (m, w oder Mz) nach:

kunta dâris / dârsa sûdânîy
ich-war lernend (m/w) Sud.-Arab.
Ich habe Sudanesisch gelernt.

kunna dârsîn sûdânî shwaiya
wir-waren lernend Sud.-Arab. bißchen
Wir haben ein wenig Sud. gelernt.

kânû sâknîn fî Umm Durmân
sie-waren wohnend in Umm Dân.
Sie haben in Omdur. gewohnt.

kân sâkin/kânat sâkna fî Umm Dur.
er-/sie-war wohnend in Umm Durmân
Er/Sie hat in Omdurman gewohnt.

Verneinung der Mittelwörter

Wie die Verben, so werden auch die Mittelwörter durch vorangestelltes **ma** verneint.

ana tâbicha
ich kochend (m)
Ich koche.

ana ma tâbicha
ich nicht kochend (m)
Ich koche nicht.

al-chawâjîya jâyba jawâza
die-Ausländerin bringend (w) Paß-ihr
Die Ausländerin bringt ihren Paß.

al-chawâjîya ma jâyba jawâza
die-Ausl. nicht bringend (w) Paß-ihr
Die Aus. bringt ihren Paß nicht.

intû shâyfîn al-ajzachâna-dî?
ihr (Mz) sehend die-Apotheke-diese
Seht ihr diese Apotheke?

intû ma shâyfîn al-ajzachâna-dî?
ihr (Mz) nicht sehend die-A.-diese
Seht ihr diese Apotheke nicht?

Bei Mittelwörtern, die mit Hilfe von **kân** in die Vergangenheit gesetzt wurden, steht das Verneinungswort **ma** vor der entsprechenden Form des Hilfsverbs:

kunta nâyim
ich-war schlafend (m)
Ich habe geschlafen.

ma kunta nâyim
nicht ich-war schlafend (m)
Ich habe nicht geschlafen.

kunti *ârfa da
du-warst (w) wissend (w) dies
Du hast das gewußt.

ma kunti *ârfa da
nicht du-warst (w) wissend (w) dies
Du hast das nicht gewußt.

kuntu sâknîn
ihr-wart (Mz) wohnend (Mz)
Ihr habt gewohnt.

ma kuntu sâknîn
nicht ihr-wart (Mz) wohnend (Mz)
Ihr habt nicht gewohnt.

Im folgenden eine kurze Liste gebräuchlicher Mittelwörter. Der erste Teil (I) verzeichnet Beispiele für regelmäßige Mittelwörter, im zweiten Teil (II) werden einige unregelmäßig gebildete aufgeführt.

Mittelwort	männlich	weiblich	Mehrzahl
I			
bringend	**jâyib**	**jâyba**	**jâybîn**
haltend (fest-)	**mâsik**	**mâska**	**mâskîn**
liegend	**râgid**	**râgda**	**râgdîn**
stehend	**wâgif**	**wâgfa**	**wâgfîn**
trinkend	**shârib**	**shârba**	**shârbîn**
verlassend	**târik**	**târka**	**târkîn**
wissend	***ârif**	***ârfa**	***ârfîn**
II			
gehend	**mâshi**	**mâsha**	**mâshîn**
kommend	**jây**	**jâya**	**jâyîn**
nehmend	**shâyil**	**shâyla**	**shâylîn**
redend, sprechend	**mutkallim**	**mutkallma**	**mutkallmîn**
sagend	**gâyil**	**gâyla**	**gâylîn**
schlafend	**nâyim**	**nâyma**	**nâymîn**
sehend	**shâyif**	**shâyfa**	**shâyfîn**

Das Mittelwort gâ*id

Sehr häufig werden Verben in der Gegenwartsform zusammen mit dem Wort **gâ*id** gebraucht. **gâ*id** bedeutet 'sitzend' aber auch 'bleibend'. Wenn es vor einem Verb in der Gegenwartsform steht, bedeutet dies, daß das Hauptverb in der Verlaufsform steht. Das Hauptverb steht dann in der Form ohne die Vorsilbe **bi-**.

Im Deutschen kommt die Verlaufsform in der Hochsprache nicht vor, aber einige Dialekte haben sich auch bei uns einen Ersatz geschaffen: Jemand ist 'am machen, am schreiben' usw. Das deutsche 'am' wird im Sudanesischen durch **gâ˚id** vertreten. Ein Satz wie **al-muwazzaf gâ˚id yaktib at-taqrîr** bedeutet: Der Beamte ist gerade dabei, den Bericht zu schreiben. Sätze mit **gâ˚id** plus Verb in der Gegenwart bezeichnen also eine länger andauernde Tätigkeit, mit der jemand im Augenblick der Aussage beschäftigt ist.

ana gâ˚id (m) aktib al-jawâb
ich am schreiben (m) den-Brief
Ich schreibe gerade den Brief.

intu gâ˚dîn (Mz) ta˚milu shây?
ihr am machen (Mz) Tee?
Macht ihr gerade Tee?

Bindewörter (Konjunktionen)

˚ashann	damit, um zu	**wa**	und
au	oder	**ba˚dên**	danach
ba˚dma	nachdem	**bess**	nur, aber
gubâlma	bevor	**haddi**	bis, bis daß
illa	außer	**innu**	daß
ka'annu	als ob	**lâkin**	aber
li'annu	denn, weil	**zey**	wie
ayy	der, welcher; die, welche (**ayy** wird oft weggelassen!)		

(**wa** plus Artikel wird zu **wal** bzw. **wan, wat** usw.)

dair môya au shây?
du-willst (m) Wasser oder Tee
Willst du Wasser oder Tee?

jât ashann tazûrkum
sie-kam wegen sie-besucht-euch
Sie kam, um euch zu besuchen.

nashtari al-guffa wash-shanta
wir-kaufen den-Korb und-die-Tasche
Wir kaufen den Korb und die Tasche.

dair pepsi au shây
ich-will Cola oder Tee
Ich will Cola oder Tee.

***aiz itnên litr bess**
ich-will zwei Liter nur
Ich will nur zwei Liter.

a*rif da ma gadîm / antîk
ich-weiß dies nicht alt / antik
Ich weiß, das ist nicht antik.

Verhältniswörter (Präpositionen)

ˈâla	auf, nach	**gidâm**	vor (Ort)
baˈd	nach	**ˈind**	bei
bên	zwischen	**jamb**	neben
bi	mit, mittels	**li**	für, zu
bilâ	ohne	**min**	von, aus
fî	in	**maˈa**	mit
fôg	über	**warâ**	hinter
gabl	vor (Zeit)	**ti<u>h</u>t**	unter

jît bilâ gurûsh
ich-kam ohne Geld
Ich kam ohne Geld.

Gedâref bên Kosti wa Kassala
Gedâref zwischen Kosti und Kassala
Ged. liegt zwischen Kosti und Kassala.

liga al-bitt gabl yômên gadâm al-bâs
er-traf das-Mädchen vor(zeitl.) Tage-zwei vor(räuml.) der-Bus
Er traf das Mädchen vor zwei Tagen vor dem Bus.

Wenn Verhältniswörter, die auf einen Selbstlaut enden, vor dem Artikel **al** stehen, fällt dessen **a** aus.

ni<u>h</u>na fî-l-meydân
wir in-der-Platz
Wir sind auf dem Platz.

hîya warâ-l-bêt
sie (Ez) hinter-das Haus
Sie ist hinter dem Haus.

Genau wie die Hauptwörter können auch die Verhältniswörter mit den besitzanzeigenden Fürwörtern (S. 36) verbunden werden.

ana maˈakum
ich mit-euch
Ich stimme euch zu.

da bênî wa bênak
dies zwischen-mir und zwischen-dir
Das geht nur uns beide was an.

mashat minna li-l-bêt
sie-ging von-wir zu-das-Haus
Sie ging von uns zum Haus / nach Hause.

Fragen

kam	wieviel	**kêf**	wie
lê	warum	**liwên**	wohin
minû	wer	**minwên**	woher
mitên	wann	**yatô**	welcher (Ez m)
wên	wo	**yata**	welche (Ez w)
shinû	was	**yatum**	welche (Mz m+w)

Daneben gibt es noch **bê kam** (mit wieviel) in der Bedeutung 'Was kostet das?' und das höfliche **na'm** für 'Wie bitte?'; meistens hört man aber **shinû** (was?).

Die Fragewörter können am Anfang oder am Ende eines Satzes stehen. Sie werden aber auf jeden Fall nachdrücklich betont.

inti minwên?
du (w) woher
Woher kommst/stammst du?

da shinû?
dies was
Was ist das?

kêf as-shây?
wie der-Tee
Wie ist/schmeckt der Tee?

minû al-bitt dîk?
wer das-Mädchen dieses
Wer ist dieses Mädchen?

wên al-gahwa?
wo der-Kaffee
Wo ist der Kaffee?

bi-kam al-kilû aswad?
mit-wieviel das-Kilo Aubergine
Was kostet das Kilo Auberginen?

lê mâ shiribta?
warum nicht du-hast-getrunken (m)
Warum hast du nicht getrunken?

da bitt minû?
dies Mädchen wer
Wessen Mädchen/Tochter ist das?

Oft verzichtet man auf Fragewörter. Dann entscheidet die Betonung, ob eine Frage oder eine Aussage vorliegt.

Verneinung

Eigenschaftwörter und 'Hilfsverben' werden genauso verneint wie Verben und Mittelwörter.

al- hilla ma kabîra
das-Dorf nicht groß (w)
Das Dorf ist nicht groß.

az-zôl da ma samih
der-Mann/Kerl dieser nicht hübsch
Dieser Mann ist nicht hübsch.

ma *aiz shây
nicht ich-will Tee
Ich will keinen Tee.

ma *indî *ajjala
nicht bei-mir Fahrrad
Ich habe kein Fahrrad.

Daneben gibt es noch verstärkte Verneinungen wie 'nichts', 'niemals', 'niemand'. Sie werden im Sudanesischen mit dem generellen Verneinungswort **ma** und einem weiteren Wort gebildet. Zwischen diese beiden Teile tritt dann die Sache, die verneint werden soll, also ein Verb, Hilfsverb, Eigenschaftswort oder auch Verb plus Hauptwort:

ma *aiz shây abadan
nicht ich-will Tee nie
Ich mag keinen Tee.

hûa ma byishrab bîra wa wiskî abadan
er nicht er-trinkt Bier und Whisky nie
Er trinkt nie(mals) Bier und Whisky.

ma fî zôl hina?
nicht es-gibt Mann hier
Ist niemand hier?

ma *indna ayy hâya!
nicht bei-uns welche Sache
Wir haben überhaupt nichts bei!

ma lagîtu kullu-kullu
nicht fand-ich-ihn total-nicht
Ich fand ihn nirgendwo.

at-tâliba ma fâhma hâya
die-Schülerin nicht verstehend Sache (w)
Die Schülerin versteht (gar) nichts.

Zahlen

Grundzahlen

In den volkstümlichen Dialekten des Arabischen sind die Zahlen glücklicherweise nicht so kompliziert wie im Hocharabischen. Eigentlich gibt es bei ihnen kaum etwas zu erklären; man muß sie nur auswendig lernen.

١	1	**wâẖed** (m)	١	1	**waẖde** (w)
٢	2	**itnên**	٣	3	**talâta**
٤	4	**arbaʿa**	٥	5	**chamsa**
٦	6	**sitta**	٧	7	**sebʿa**
٨	8	**tamânia**	٩	9	**tisʿa**
١٠	10	**ʿashara**	٠	0	**sifr**

Bei den Zahlen von 11 bis 19 wird wie im Deutschen das Wort für '10' (leicht verändert zu **âshir** oder **tâshir**) an die Einerstelle angehängt. Auch die Einerstelle wird dabei leicht verändert, ist aber noch deutlich zu erkennen. Die Zahl '16' wird z. B. aus **sitt-** (für 'sech-') plus **âshir** (für 'zehn') zusammengesetzt.

11	**hidâshir**	14	**arbaʿtâshir**	17	**sebʿatâshir**
12	**itnâshir**	15	**chamstâshir**	18	**tamantâshir**
13	**talatâshir**	16	**sittâshir**	19	**tisʿatâshir**

Die Dezimalzahlen (Zehner) werden bis auf '10' und '20' ebenfalls von den Einern abgeleitet, die die Endung **-în** erhalten:

20	**ʿashrîn**	50	**chamsîn**	80	**tamanîn**
30	**talâtîn**	60	**sittîn**	90	**tisʿîn**
40	**arbaʿîn**	70	**sebʿîn**		

Einer und Zehner werden mit Hilfe von **u** für 'und' verbunden, wobei wieder die Einer den Zehnern vorangehen ('sechs-und-dreißig'):

21	**wâhed u *ashrîn**	24	**arba* u *ashrîn**
22	**itnên u *ashrîn**	38	**tamânia u talâtîn**
23	**talâta u *ashrîn**	59	**tis*a u chamsîn**

Hunderter und Tausender werden nach dem gleichen Muster gebildet. Bei den Tausendern fällt das Verbindungs-**u** ganz aus.

Das Wort für '100' ist **mîya** und das für '1000' lautet **alf.** Für '200' benutzt man die Zweizahl (Endung **-ên,** s.o.) von 100 und bei '2000' entsprechend die Zweizahl von 1000. Die Zahlen für die Einer sind wieder ein wenig gekürzt (z. B. **arb*** anstatt **arba*a** für '4'), aber ansonsten läuft alles ganz regelmäßig.

100	**mîya**	200	**mîtên**
300	**tilt u mîya**	400	**arb* u mîya**
500	**chams u mîya**	600	**sitt u mîya**
700	**seb* u mîya**	800	**tamâni u mîya**
900	**tis* u mîya**	1000	**alf**
2000	**alfên**	3000	**talâta alf**
4000	**arba* alf**	5000	**chamsa alf**
6000	**sitta alf**	7000	**seb*a alf**
8000	**tamânia alf**	9000	**tis*a alf**

Komplizierte Zahlen bildet man genauso wie im Deutschen durch Verbinden, nur daß man im Sudanesischen noch ein zusätzliches **wa** zwischen die einzelnen Gruppen einschiebt:

3027 **talâta alf wa seb*a u ashrîn**
drei tausend und siebenundzwanzig

81576 **wâh̲ed u tamanîn alf wa chams u mîya wa sitta u seb*în**
einundachtzigtausend und fünfhundert und sechsundsiebzig

Eine kleine Schwierigkeit haben die Schöpfer der arabischen Sprache dem Lernenden noch in den Weg gelegt: Die Dinge, die gezählt werden sollen, stehen manchmal in der Mehrzahl. Allerdings nur bei den Zahlen zwischen 3 und 10. Bei allen anderen Zahlen steht das Gezählte immer in der Einzahl.

***indî itnên *arabîya**
bei-mir zwei Auto
Ich habe zwei Autos.

besser: ***indî *arabîyatên**
bei-mir Auto-zwei

ishtara talatâshir môza
er-kaufte drei-zehn Banane
Er kaufte dreizehn Bananen.

***inda seb*a fasatîn, lâkin ana, *indî arba*a fasatîn bess.**
bei-ihr sieben Kleider, aber ich, bei-mir vier Kleider nur
Sie hat sieben Kleider, aber ich, ich habe nur vier Kleider.

Falls Sie beim Einkaufen oder anderswo laut rechnen müssen, hier noch die nötigen Ausdrücke:

(+)	**wa**	und, plus	(:)	***âla**	geteilt, dividieren
(-)	**nâgis**	weniger, minus	(=)	**yusâwi**	gleich, macht
(*)	**fî**	mal, multiplizieren			

Ordnungszahlen

Ornungszahlen verhalten sich wie Eigenschaftswörter, nehmen also das Geschlecht ihres Bezugsworts an. Folglich gibt es von einer Zahl jeweils eine männliche und eine weibliche Variante. Da die Ordnungszahlen zudem meistens mit dem bestimmten Artikel stehen, werden sie hier auch auf diese Art und Weise angegeben:

al-auwal (m)	der erste	**al-ûla** (w)	die erste
at-tâni, -a	der/die zweite	**at-tâlit, -a**	der/die dritte
ar-râbi*, -a	der/die vierte	**al-châmis, -a**	der/die fünfte
as-sâdis, -a	der/die sechste	**as-sâbi*, -a**	der/die siebte
at-tâmin, -a	der/die achte	**at-tâsi*, -a**	der/die neunte
al-*âshir, -a	der/die zehnte		

Bei den Zahlen von 2 bis 10 unterscheidet sich die weibliche Ordnungszahl nur durch ein angehängtes **-a** von der männlichen (einzige Ausnahme bildet die 1).

Nach '10' werden die 'normalen' Zahlen benutzt.

Bruchzahlen

1/2	**nuss**	die Hälfte	**an-nuss**
1/3	**tilit**	das Drittel	**at-tilt**
1/4	**rub***	das Viertel	**ar-rub***

***addînî an-nuss minu!**
gib-mir die-Hälfte von-ihm
Gib mir die Hälfte davon!

rub* kîlû jawâfa, lau samahta!
viertel Kilo Guave, wenn genehm-dir
Ein viertel Kilo Guaven, bitte!

Zeit und Datum

Volle Stunden werden durch die Grundzahlen wiedergegeben, vor die man noch das Wort für 'Stunde' **as-sâ*a** stellen kann, aber nicht muß. Gefragt wird mit Hilfe von **kam** (wieviel).

kam as-sâ*a?
wieviel die-Stunde
Wie spät ist es?

as-sâ*a arba*a
die-Stunde vier
Es ist vier Uhr.

illa	*außer*	vor	**tilit**	*Drittel*	zwanzig
wa	*und*	nach	**rub***	*Viertel*	viertel
nu<u>ss</u>	*Hälfte*	halb			

Alle anderen Zeiteinheiten drücken Sie mit normalen Zahlen aus.

(as-sâ*a) itnên wa nu<u>ss</u>
(die-Stunde) zwei und Halb
Halb drei/zwei Uhr dreißig.

(as-sâ*a) chamsa illa tilt
(die-Stunde) fünf außer Drittel
Zwanzig vor fünf/vier Uhr vierzig.

Die Stunden werden normalerweise nur von 1 bis 12 gezählt. Die genaue Tageszeit gibt man dann mit **<u>s</u>abâ<u>h</u>an** (morgens), **gabl** duhr (vormittags), **ba*d duhr** (nachmittags) und **masâ'an** (abends) an.

arba*a wa rub* ba*d duhr
vier und Viertel nach Mittag
Viertel nach vier am Nachmittag (16.15 Uhr)

hidâshir illa *ashara gabl duhr
elf außer zehn vor Mittag
Zehn vor elf am Vormittag (10.50 Uhr)

bisâfir fî-s-sâ*a talâta wa tamantâshir dagîga ba*d duhr
er-reist in-die-Stunde drei und achtzehn Minute nach Mittag
Er reist um drei Uhr achtzehn nachmittags.

Wochentage

Auch zum Benennen der Wochentage sind die Zahlen höchst nützlich, denn bis auf Freitag, Samstag und Sonntag werden sie mit den Ordnungszahlen gebildet.

Samstag	**as-sebit**	Sonntag	**al-a<u>h</u>ad**
Montag	**al-itnên**	Dienstag	**at-talâta**
Mittwoch	**al-arba*a**	Donnerstag	**al-chamîs**
Freitag	**al-jum*a** (der Tag des gemeinsamen Gebets)		

Monate

In islamischen Ländern fußt die Zeitrechnung auf einem anderen System als in Europa: Man teilt das Jahr nicht in 365 Tage mit 12 Monaten (Sonnenjahr), sondern in 354 Tage, die auf 12 Monate verteilt sind (Mondjahr). Die Monate haben folglich im Wechsel 30 oder 29 Tage. Das heißt, daß sich der muslimische Jahresbeginn von unserer Warte aus gesehen jährlich um etwa 11 Tage verschiebt. Folglich lassen sich für die islamischen Monate keine direkten Entsprechungen angeben.

Da sie in religiösen Zusammenhängen, z. B. bei der Datierung von Festen, jedoch nach wie vor gebraucht werden, seien sie hier der Vollständigkeit halber aufgeführt:

1.	**al-muharram**	2.	**safar**	3.	**rabî* al-auwal**
4.	**rabî* at-tâni**	5.	**jumâda al-ûla**	6.	**jumâda al-achîra**
7.	**rajab**	8.	**sha*bân**	9.	**ramadân**
10.	**shauwâl**	11.	**zû l-qa*da**	12.	**zû l-hijja**

Der **ramadân** ist der Fastenmonat; der zû **l-hijja** ist der Monat der Pilgerfahrt nach Mekka. Wichtige islamische Feiertage fallen auf den 10. zû **l-hijja (îd al-adha,** das Opferfest, auch **îd al-kebîr,** 'Großes Fest' genannt), auf den 1. **shauwâl (îd al-fitr,** Fest des Fastenbrechens, auch **îd al-saghîr,** 'Kleines Fest') und auf den 12. **rabî* al-auwal (mûlid an-nabi,** 'Geburt des Propheten').

Im sudanesischen Alltag herrscht jedoch die europäische Zeitrechnung vor, und die sudanesischen Monatsnamen sind von den englischen abgeleitet. Deshalb kann man sie recht einfach behalten:

Januar	**yanâyir**	Februar	**febrâyir**
März	**mârs**	April	**abrîl**
Mai	**mâyo**	Juni	**junio**
Juli	**yulio**	August	**aghustus**
September	**sibtembir**	Oktober	**uktûbir**
November	**nufembir**	Dezember	**dîsembir**

Zeitwörter

Die Zeitwörter stehen meistens am Schluß der Aussage. Die wichtigsten lauten:

al-leyla	heute	**umbâriẖ**	gestern	**ba*dên**	später
hassa	jetzt	**bukra**	morgen	**ba*d shwaiya**	gleich

sâfar umbâriẖ
er-reiste gestern
Er reiste gestern (ab).

namhsî ilâ as-sûq hassa
wir-gehen nach der-Markt jetzt
Wir gehen jetzt auf den Markt.

abûy jâ al-leyla
Vater-mein er-kam heute
Mein Vater kam heute.

bishtarî al-ajjala dî bukra
ich-kaufe das-Fahrrad-dies (w) morgen
Ich kaufe dieses Fahrrad morgen.

Gewichte, Maße, Münzeinheiten

Im Sudan trifft man auf Märkten, in Geschäften und beim Handeln noch relativ häufig (besonders in ländlichen Gebieten) auf die älteren arabischen Maßeinheiten. Neben ihnen gibt es aber auch die an das metrische System angelehnten Einheiten, die wir aus Europa kennen.

wagîya, Mz. **augia**	eine **wagîya** sind etwa 40 Gramm
raṯul, Mz. **arṯâl**	ein **raṯul** sind 12 **wagîya,** also ein knappes Pfund
jrâm	Gramm

kîlo versteht sich von selbst. Aber aufgepaßt!

Die Sudanesen kürzen nämlich sowohl 'Kilogramm' als auch 'Kilometer' mit **kîlo** ab. Klarheit kann hier nur die Situation schaffen.

mitr	Meter	**kîlo (mitr)**	Kilometer	**santî (mitr)**	Zentimeter

min hinâk li Shendi mîya u chamsîn kîlo.
von dort nach Shendi hundert und fünfzig Kilo
Von da nach Shendi sind es hundertfünfzig Kilometer.

***aiz wagîya fûl sudânî wa ratul zêt**
ich-will 40-Gramm Bohne sudanesische und 480-Gramm Öl
Ich möchte 40 Gramm Erdnüsse und ein (knappes) Pfund Öl.

Die Maßeinheit 'Liter' wird im Sudan weniger gebraucht. Oft werden Flüssigkeiten per Kilo gehandelt.

***aiz ratlên laban**
ich-will ratul-zwei Milch
Ich will ein (knappes) Kilo Milch.

Geld

Über Geld viel zu sagen fällt schwer – zu hoch ist die Inflation und zu wechselhaft die staatliche Geldpolitik. Grundeinheiten sind das sudanesische Pfund (**sud £**).

Pfund	**jinêh** Mz. **jinêhât**
Dinar (= 10 Pfund)	**dinâr** Mz. **dinârât**
Piaster (100 Piaster = 1 Pfund)	**girish** Mz. **gurûsh**

Auf **shilling** (= 5 **girish**) und **riyâl** (= 10 **girish**) werden Sie wohl nicht mehr stoßen.

HL 56801169
HL56801169
D 264 6283398
100
5

Kurz-Knigge

Der Sudan liegt an der Schnittstelle zwischen afrikanischer und islamisch-arabischer Kultur. Er ist ein vielschichtiges, ethnisch bunt gemischtes Land, für das sich in puncto Verhaltenstips nur wenige wirklich allgemeingültige Hinweise geben lassen. Deshalb ist es wichtig, möglichst genau in seiner Umgebung zu beochten, was noch erlaubt ist und was nicht.

Einige der folgenden Hinweise leiten sich aus dem Umstand ab, daß der Sudan sich als islamisches Land versteht, auch wenn ein Teil der Bevölkerung christlichen oder animistischen Glaubens ist. Das offizielle Verständnis zur islamitischen Religion, insbesondere das der Regierung, ist aus unserer Sicht deutlich konservativer als in vielen anderen Ländern des Nahen Ostens.

Verhalten in der Öffentlichkeit

- Achten Sie auf angemessene Kleidung. Sie sollte praktisch, sauber und nicht zu freizügig sein. Kurze Hosen bei Männern, Röcke, die nicht mindestens die Knie bedecken und freie Schultern bei Frauen sind verpönt und werden insbesondere von Muslimen als anstößig empfunden.
- Längst nicht jede Sudanesin trägt ein Kopftuch, und von Europäerinnen wird dies auch nicht erwartet. Es kann aber angesichts der starken Sonneneinstrahlung und bisweilen sehr staubiger/sandiger Orte ein sinnvolles Kleidungsstück sein.
- Als Frau sollten Sie weiterhin einen BH tragen. Als Kleidung empfiehlt sich eine Art formverhüllender Schlabberlook. Röcke sollten wadenlang sein; wenn Hosen, dann keine allzu engen. Nach Möglichkeit nicht breitbeinig sitzen. Auch Rauchen in der Öffentlichkeit hinterläßt einen schlechten Eindruck.

● Bei beiden Geschlechtern gilt es als unschicklich, sich im halben Schneidersitz (d.h. einen Fuß auf dem Knie lagern) niederzulassen.
● Alkohol ist im Sudan legal nicht erhältlich, und Trunkenheit in der Öffentlichkeit gilt als sehr große Schande. Sie wird hart bestraft, im Extremfall mit 40 Peitschenhieben.
● Im Fastenmonat **Ramadan** ist es nicht angebracht, tagsüber in der Öffentlichkeit zu essen, zu trinken oder zu rauchen.
● Photographieren: Wenn Sie Menschen photographieren, so vergewissern Sie sich, daß Ihr Gegenüber einverstanden ist. Sollte dies nicht der Fall sein, sehen Sie von einem Photo ab. Verzichten Sie auch darauf, Dinge zu photographieren, die von strategischer Bedeutung sein könnten (Brücken, Panzer, Kasernen, Häfen, Züge, Bahnhöfe, Angehörige des Militärs etc.) Sie ersparen sich dadurch erheblichen Ärger und den Verlust ihrer Filme! (Vgl. auch das Kap. 'Photographieren', S. 118)
● Als reisendes Paar sollten Sie sich als verheiratet ausgeben (Ringe erhöhen die Glaubwürdigkeit!). Das erspart in den Hotels Probleme und in Gesprächen Verständnisschwierigkeiten, da es für viele Sudanesen außerhalb des Vorstellungsvermögens liegt, daß ein Mann und eine Frau (so sie nicht Geschwister sind) unverheiratet zusammen auf Reisen gehen könnten.

Sitten & Gebräuche

● Wenn Sie eingeladen werden, gebietet es die Höflichkeit, ein kleines Gastgeschenk zu überreichen oder zurückzulassen. Bieten Sie auf keinen Fall Geld an! Das würde den Stolz der Gastgeber verletzen.
● Sollten Sie sich angestarrt fühlen, so reagieren Sie nur dann aggressiv, wenn das Anstarren einen eindeutig sexuellen Hintergrund hat. In allen anderen Fällen geht es auf Ihren exotischen Status und die natürliche Neugier zurück und ist nicht böse gemeint.

● Werden Sie niemals unhöflich, wenn Ihnen die Formalitäten auf Ämtern usw. umständlich und langwierig vorkommen. Bleiben Sie gelassen und ruhig – Ungeduld oder Gereiztheit führt nur dazu, daß der zuständige Beamte ebenfalls gereizt wird und der Vorgang sich noch länger hinzieht oder überhaupt nicht erledigt wird.

Unangenehme Situationen

● Sollten Sie sich von jemandem bedrängt fühlen, so ist es durchaus statthaft, ihm/ihr dies in deutlichem Ton zu sagen:

lau samahta, challîni barâi!
falls erlaubst-du, laß-mich allein
Erlauben Sie mal, lassen Sie mich allein!

● Es ist durchaus möglich, als Frau den Sudan allein zu bereisen. Europäerinnen werden in der Regel wie männliche **Chawâdja** und mit Respekt behandelt. In jedem Falle sollten Sie Männern gegenüber selbstbewußt auftreten und Distanz wahren. Bei Problemen wenden Sie sich, soweit möglich, lieber an Frauen als an Männer. Angrapschen oder regelrechte Übergriffe finden sehr viel seltener statt als in unseren Breitengraden. Sollte so etwas aber doch einmal vorkommen, wehren Sie sich offensiv und schaffen Sie Öffentlichkeit! Die Solidarität der Umstehenden (auch der Männer) ist Ihnen sicher. Folgende Begriffe (mit unfreundlicher Stimme an einen Mann gerichtet) sind hilfreich:

dair shinû?	*du-willst was*	Was willst du?

dair shinû im passenden Tonfall ausgesprochen schafft eine ungemütliche Atmosphäre; alle Anwesenden werden aufmerksam und für den Übeltäter wird die Situation ausgesprochen peinlich.

Etwas aggressiver:

amshi	oder	***êb!**
geh (weg)		*Schande*
Hau ab!		Schäm dich!

Auch sehr wirkungsvoll:
harâm *alêk! Mâ *indak achawât?
Sünde auf-dich! Nicht du-hast Schwestern?
Schäm dich! Hast du nicht selbst Schwestern?

Im (seltenen) Fall, daß Sie jemand unsittlich berühren sollte, nennen sie denjenigen laut und deutlich **wad al-kelb** oder nur **kelb!** (Hundesohn bzw. Hund) und sagen Sie zu anderen Personen gerichtet **habashnî** (Er hat mich angefaßt). Beide Redewendungen sind für Sudanesen und Sudanesinnen völlig eindeutig; der Betreffende kann von Glück reden, wenn er nur davongejagt wird.

Körpersprache / Gesten

Jeder Kulturkreis hat seine spezielle Körpersprache, die Reisende zumindest passiv kennen sollten, um vor unliebsamen Überraschungen gefeit zu sein. Im folgenden einige typisch sudanesische Gesten und ihre Bedeutung:

Eine Faust mit abgespreiztem kleinen Finger ist das Äquivalent zu unserem 'Stinkefinger' und wird als äußerst obszön und beleidigend empfunden.

Ausgestreckter Arm mit abwinkender Hand: auffordernde Geste, die 'komm her', 'tritt näher' bedeutet.

Alle fünf Fingerspitzen der rechten Hand an die Unterlippe geführt und sofort wieder weggenommen, danach die Unterlippe leicht vorgestülpt, heißt soviel wie 'Der/die redet viel Unsinn, da muß man nichts drauf geben'.

Mit dem Zeigefinger der linken Hand die Ohrmuschel zwei- bis dreimal leicht nach vorne biegen und zurückschnappen lassen, wobei das Ohr dem/der Angesprochenen zugewendet wird: 'Du kannst mich mal!'

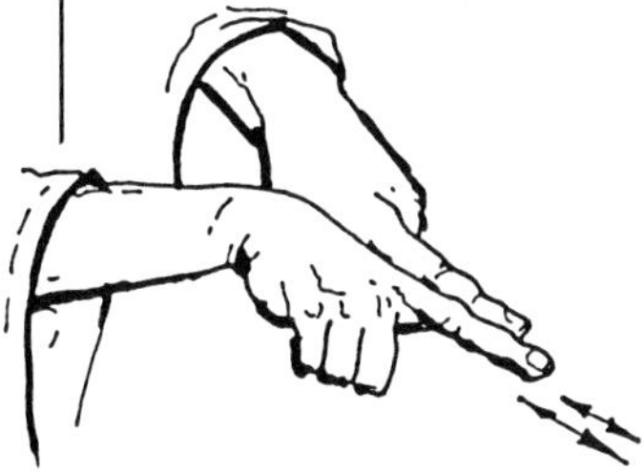

garaba = Verwandtschaft

ta*âl = Komm her!

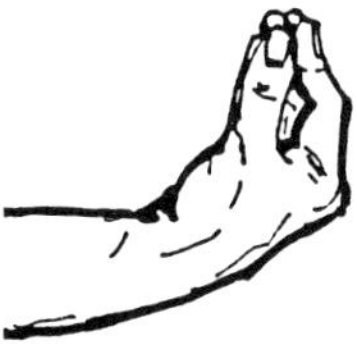

shwaiya = langsam, Geduld!

shinû = Was ist (los)?

Laute

Häufig werden Sie im Sudan ein durchdringendes Zungenschnalzen vernehmen. Hier gilt es zwischen einem helleren, mit der Zungenspitze an der Rückseite der oberen Schneidezähne erzeugten Laut und einem etwas dunkleren, voluminöseren, der etwas an ein Knakken erinnert und in der Backentasche entsteht, die dabei nach hinten gezogen wird, zu unterscheiden: Der erste Laut, verbunden mit dem Hochziehen der Augenbrauen und einer ruckartigen, kurzen Bewegung des Kopfes nach hinten, bedeutet schlicht 'nein', ist aber nicht unfreundlich gemeint. Der zweite signalisiert hingegen Zustimmung.

Ein Mann oder Junge, der fingerschnippend durch den Bus geht, kündigt dadurch seine Absicht an, den Fahrpreis zu kassieren.

Begrüßen & verabschieden

Diesen beiden Tätigkeiten widmen die Sudanesen viel Zeit und dementsprechend zahlreiche Begriffe und Verhaltensweisen. Der Prozeß des Begrüßens oder Verabschiedens eines guten Freundes kann sehr langwierig sein, und wenn alle Formeln und Wendungen einmal benutzt wurden, fängt man oft noch einmal von vorne an.

Die verwendeten Begriffe variieren je nach Tageszeit; auf jedes Grußwort gibt es eine erwartete Antwort; jede Abschiedsformel löst eine feststehende Redewendung aus. Für unsere Zwecke reicht es, die wichtigsten Formulierungen zu kennen.

Ausdrücke, die eigentlich immer passen:

marhaba, habâbkum, ahlan, ahlan wa sahlan	Willkommen!
shukran, ahlan	Dank!

allgemein, förmlich, tagsüber:

as-salâmu ˙aleikum!
der-Friede bei-euch
Friede sei mit euch!

wa ˙aleikum as-salâm!
und bei-euch der-Friede
Auch mit euch sei Friede!

morgens, vormittags:

sabâh al-chêr
Morgen das-Gute
Guten Morgen!

sabâh an-nûr
Morgen des-Lichts
Schönen Morgen!

früher bis später Abend:

masâ al-chêr
Abend das-Gute
Guten Abend!

masâ an-nûr
Abend des-Lichts
Schönen Abend!

Nach dieser allgemeinen Einleitung erkundigt man sich nach dem gegenseitigen Befinden. Bekannte legen sich dabei gegenseitig die rechte Hand auf die Schulter.

izzeyak? / kêfinnak?
wie-du (m)
Wie geht es dir?

izzeyik? / kêfinnik?
wie-du (w)
Wie geht es dir?

izzeyakum? / kêfinnakum?
wie-ihr (Mz)
Wie geht es euch?

inta/inti / intum tayyib / tayyiba / tayyibîn?
Du (m/w)/ ihr (Mz) gut (m / w/ Mz)
Geht es dir / euch gut?

zey al-hâl
wie die-Lage
Wie geht's so?

Die erste Antwort ist meistens positiv und lautet (beide Ausdrücke werden oft zusammen ausgesprochen):

kweys
gut
Gut!

al-hamdulillah!
der-Dank-Gottes
Gott sei Dank!

Nun wird normalerweise noch einmal nachgefragt. Die Fragewörter sind dabei genau die gleichen, die nun gegebene Antwort kann aber von der ersten abweichen.

Sie ist dann meistens differenzierter bzw. ehrlicher (eine absolut negative Antwort werden Sie nicht hören):

nuss-nuss	**ma batâl**	**ya*ni**
halb-halb	*nicht untätig*	*nicht-so-toll*
Es geht so!	Nicht schlecht!	Na ja.

Es folgen zwei kurze, unverbindliche Grußformeln, die ebenfalls sehr verbreitet sind. Man antwortet darauf am besten mit **shukran!**

Allah yisallimak / yisallimik / yisallimkum!
Gott er-unversehrt-lasse-dich (m/w) / euch
Gott erhalte dich / euch unversehrt!

Allah yibârik fîk / fîki / fîkum!
Gott er-segne auf-dich (m/w) / auf-euch
Gott segne dich / euch!

Hat Ihnen jemand einen ganz besonderen Gefallen erwiesen, so können Sie sich mit einer speziellen Formulierung bedanken:

Allah yadîk / yadîki / yadîkum al-*âfia!
Gott er-gibt-dir (m/w) / er-gibt-euch (Mz) das-Wohlbefinden
Gott möge es dir / euch wohl vergelten!

Beim Abschied wählt der Gehende eine Form im Höflichkeitsplural:

wada*nâkum Allah!
verabschiedete-uns-euch Gott
Ich/wir möchte/n mich/uns von dir/euch verabschieden!

Ma*a s-salâma!	bei Ausländern auch:	**bay-bay!**
mit die-Unversehrtheit		*Bye bye!*
Auf Wiedersehen!		

Namen & Anredeformen

Die sudanesische Namensgebung weicht stark von der uns vertrauten Form ab. Der komplette Name eines Sudanesen besteht (in dieser Reihenfolge) aus dem Vornamen, dem Namen des Vaters und dem des Großvaters. Es kommt häufig vor, daß ein Enkel den selben Namen wie sein Großvater erhält. Deshalb trifft man oft auf Namenszüge wie **Bashîr ʿAlî Bashîr** oder **Muẖammad Jûsif Muẖammad.** Folglich hieße im letzten Fall Muẖammads Vater **Jûsif** und dessen Vater wiederum **Muẖammad.** Bei Frauen wird genauso verfahren: Auf den Vornamen der Frau folgt der Vorname ihres Vaters (!), auf den folgt der des Großvaters: Von **ʿAzîza ʿAbdallah Maẖmûd** wüßte man also, daß der Vater **ʿAbdallah** und dessen Vater wiederum **Maẖmûd** heißt.

Aus dieser Praxis ergibt sich, daß Ausländer im Sudan auf dem Paßamt oft nach dem Namen ihres Vaters gefragt werden:

ismak/ismik shinû? *Name-dein (m/w) was* Wie ist dein Name?	**ismî ...** *Name-mein ...* Mein Name ist ...
wa abûk ismû shinû? *und Vater-dein Name-sein was* Und wie heißt dein Vater?	**abûyî ismû ...** *Vater-mein Name-sein ...* Mein Vater heißt ...
wa jiddak ismû shinû? *und Großvater-dein Name-sein was* Und wie heißt dein Großvater?	**jiddî ismû ...** *Großvater-mein Name-sein ...* Mein Großvater heißt ...

Häufig wird aber auch mit der folgenden Wendung nach dem Namen gefragt:

al-ism al-kâmil shinû? oder: *der-Name der-vollständige was* Wie lautet der vollständige Name?	**ismak/ismik al-kâmil shinû?** *Name-dein (m/w) der-vollst.was* Wie ist dein vollständiger Name?

Im Alltag spielt aber nur der erste, persönliche Name eine Rolle. Zu ihm können noch verschiedene Anredeformen treten, die sowohl unter Bekannten als auch gegenüber Unbekannten benutzt werden.

Anrede

Auch wenn Sudanesen und Sudanesinnen sich grundsätzlich beim Vornamen ansprechen, fließt doch in die Anredeform die soziale Stellung der Angesprochenen mit ein. Auch Altersunterschiede spielen eine wichtige Rolle.

Vor den Vornamen oder Titel der angesprochenen Person wird fast immer ein **ya** gesetzt, der sogenannte Vokativ. Er dient zur Heraushebung des Namens/Titels; die Übersetzung, die dem Gehalt dieses Wörtchens am nächsten kommt, ist 'oh ...'. Im Sudanesischen ist dieses **ya** allerdings weniger respektvoll gemeint als das deutsche 'oh', das beispielsweise vor Fürstentiteln (oh Durchlaucht) und ähnlichem auftritt.

ya wird sowohl vor weiblichen als auch vor männlichen Vornamen gebraucht.

Ya Bashîr!	**Ya Sausan!**
Oh Bashîr!	*Oh Sausan*
Hey Bashîr!	Hey Sausan!

Häufiger verwendet man **ya** plus Titel. Ein Titel ist hier weniger offiziell zu verstehen als im Deutschen. Gemeint sind Begriffe wie **hâj** (Pilger), **madâm** (Dame, Verehrteste), aber auch **achûy** (mein Bruder), ***ammî** (mein Onkel) oder **châltî** (meine Tante).

Solche Begriffe müssen sich nicht auf ein wirkliches Verwandschaftsverhältnis beziehen.

Junge Leute reden sich grundsätzlich folgendermaßen an (die Nachsilbe 'mein' ist nicht zwingend erforderlich, wird aber sehr oft angefügt. Auch tritt **ya achûy** oft verkürzt zu **yâchi** auf):

ya achûy	**ya uchtî**
oh Bruder-mein	*oh Schwester-meine*
Hey, mein Bruder!	Hey, meine Schwester!

Etwas unfreundlich, und außerdem Ausdruck des Erstaunens ist:

ya zôl!
Oh Kerl
Hey du da! / Mann-o-Mann! / Das ist ja ein Ding!

Fremde Menschen reden Sie besonders bei offiziellen Anlässen folgendermaßen an (gegebenenfalls mit nachgestelltem Namen):

ya sayyid
Oh Herr
Verehrter Herr!

ya sayyida Chadîja
Oh Dame Chadîja
Verehrte Frau Chadîja!

Für ältere bekannte oder vertraulich wirkende Personen wählt man:

ya *ammî
oh Onkel-mein
Lieber Onkel!

ya châltî
oh Tante-meine
Liebe Tante!

Eine allgemeine, neutrale Anrede für verheiratete Frauen lautet:

ya sitt
oh Frau
Liebe Frau!

Kinder werden angeredet mit:

ya walad (auch **wad)**
oh Junge
Hey Junge!

ya bitt
oh Mädchen
Hey Mädchen!

Für Jugendliche existieren:

ya banât!
oh Mädchen
Hey, Mädchen!

ya shabâb! (für beide Geschlechter)
oh Jungen
Hey, Jungs / Jugendliche!

Wollen Sie älteren Leuten besonderen Respekt bezeugen, so wählen Sie die Anrede **hâj** bzw. **hâja** (Pilger bzw. Pilgerin):

ya hâj	**ya hâja**
oh Pilger	*oh Pilgerin*
Verehrter Herr!	Verehrte Dame!

Es ist dabei unerheblich, ob die so Angesprochenen tatsächlich eine Pilgerfahrt nach Mekka gemacht haben. Beide Formen können auch mit der Nachsilbe **î** für 'mein' verbunden (**ya hâjati** = Meine verehrte Dame) oder mit dem nachgestellten Vornamen gebraucht werden (**ya hâj Ahmed** = Verehrter Ahmed).

Weitere geläufige Anreden sind:

ya ustâz	**ya ustâza**
oh Meister/Lehrer	*oh Meisterin/Lehrerin*
Verehrter Lehrer!	Verehrte Lehrerin!
ya jarsôn!	**ya madâm**
oh Kellner	*oh Dame*
Hallo Kellner!	Verehrte Dame! (für Europäerinnen)

Sie sehen: Die Frage, wie man jemanden anredet, wird im Sudan ganz anders gelöst als in Europa. Wichtig ist der erste Name einer Person, nicht der Familienname, den es in unserer Form sowieso nicht gibt. Das Duzen ist allgemein gebräuchlich, auch bei größeren Rangunterschieden. Respekt macht sich eher am Gebrauch bestimmter Anredeformeln (**ya hâj!** etc.) und am Verhalten in der konkreten Situation fest.

Bitten, danken & wünschen

Unserem einladenden, auffordernden 'Bitte' entspricht sudanesisch **tafaddal/tafaddali/tafaddalu** (m/w/Mz). Es kann am Anfang eines Satzes stehen oder allein. Dann wird es meistens von einer Geste begleitet.

tafaddal, irtâh!
sei-so-freundlich (m), ruhe-aus (m)
Bitte, entspann dich!

Noch eine Spur höflicher ist ein vorangestelltes **lau samahta/samahti/samahtu** (m/w/Mz). Es steht nie allein, sondern mit einer vor- oder nachgestellten Ergänzung:

lau samahta, adîni l-muftâh!
wenn du gewährst, gib-mir der-Schlüssel
Wenn es dir nichts ausmacht, gib mir bitte den Schlüssel!

lau samahta etc. am Satzende kleidet einen Befehl in freundlichere Töne.

ya jarsôn, jîb al-bipsî, lau samahta!
oh Kellner, bring die-Pepsi, wenn-du gewährst
Hey Kellner, bring die Cola, bitte!

shukran (danke) reicht im Normalfall, gegebenenfalls einige Male wiederholt, aus. Bedankt sich jemand auf diese Art, so lautet die passende Entgegnung:

***afwan!**
Verzeihung
Keine Ursache!

Oft ist es aber angebracht, sich stärker zu bedanken. Hier stehen Ihnen vor allem drei Wendungen zur Verfügung. Die dritte Dankesformel ist dabei vor allem dann zu gebrauchen, wenn Grund zu der Annahme besteht, daß Ihr Gegenüber sehr religiös ist.

alf shukr! oder **taslam/taslami/taslamu** (m/w/Mz)
tausend Dank *du bist/ihr seid wohlbehalten*
Tausend Dank! Möge es dir/euch gutgehen!

baraka Allahu fîk / fîki / fîkum!
segnete Gott-sein auf-dir (m/w) / euch
Möge Gott dich / euch segnen!

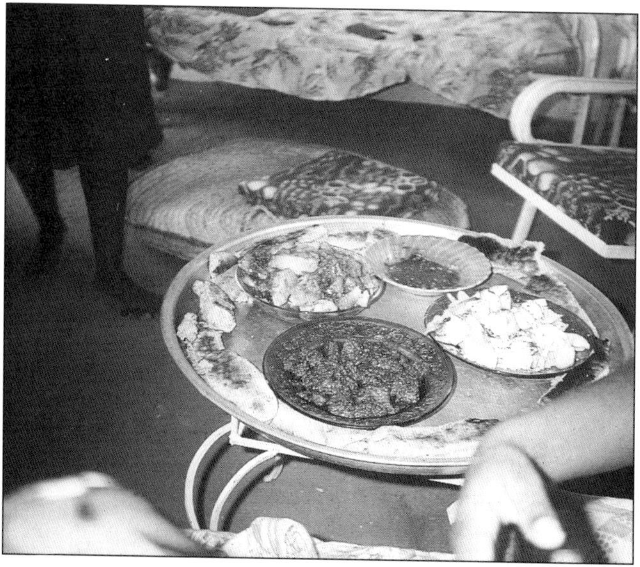

Erste Gespräche im Alltag

Sudanesen nehmen sich Zeit; europäische Hektik ist selten. Gesprächsanlässe ergeben sich immer und überall. Stellen Sie sich vor, Sie warten auf einen Bus oder sitzen im Café ...

Folgendes könnte passieren: Jemand mustert Sie neugierig, richtet aber nicht sofort das Wort an Sie. Sie sprechen ihn oder sie an:

as-salâmu *alêkum!
der-Friede auf-euch
Hallo!

ahlan! ahlan wa sahlan! Izzeyak/izzeyik?
willkommen sehr willkommen wie-du (m/w)
Hallo! Wie geht es dir?

kweys, al-hamdulillah!
gut, der-Gottesdank
Gut, danke!

ta*âl/ta*âli/ta*âlu, irtâh /irtâhi/irtâhu!
komm (m/w)/kommt (Mz), ruh aus (m/w)/ruht aus (Mz)
Komm/kommt, setz dich/setzt euch!

shukran!
danke
Danke!

tafaddal/tafaddali/tafaddalu, ashrab/ashrabi/ashrabu hâja bârda!
bitte (m/w/Mz), trink (m/w)/trinkt (Mz) Sache kalte
Bitte, trink/trinkt was Kaltes! (= Softdrink)

la, wallâhi! ma tat*ab/tat*abi/tat*abu
nein, und-Gott! nicht ermüde-dich (m/w) ermüdet-euch (Mz)
Nein, vielen Dank! Bemühen Sie sich/-müht euch/-mühe dich nicht!

ma fî ta*b! ashrab/ashrabi/ashrabu shây ma*ana!
nicht es-gibt Mühe! trink (m/w)/trinkt (Mz) Tee mit-uns
Das macht doch nichts! Trink/trinkt Tee/einen Softdrink mit uns!

ismak/ismik/ismakum shinû?
Name-dein (m/w) / Name-Euer (Mz) was
Wie heißt du/ihr?

Ismî ...
Name-mein ...
Ich heiße ...

wa jinsak/jinsik/jinskum shinû?
und Nationalität-deine (m/w)/eure was
Und aus welchem Land bist du/seid ihr?

Ana/nihna min Almâniya/Swezra/Nimsa
ich/wir von Deutschland/Schweiz/Österreich
Ich komme/wir kommen aus Deutschland/der Schweiz/Österreich

***indak/*indik/*indakum kam sanna?**
bei-dir (m/w) / bei-euch wieviel Jahr
Wie alt bist du/seid ihr?

***indî ... sanna**
bei-mir ... Jahr
Ich bin ... Jahre alt. (vgl. Kap. 'Zahlen')

inta/inti/intum mutazawwaj/mutazawwaja/mutazawwajîn?
du (m/w) / ihr verheiratet (m/w/Mz)
Bist du/seid ihr verheiratet?

Aywa, ana mutazawwaj/mutazawwaja / nihna mutazawwajîn
ja, ich verheiratet (m/w) / wir verheiratet
Ja, ich bin/wir sind verheiratet.

***indak/*indik/*indakum aulâd?**
bei-dir (m/w) / euch (Mz) Kinder
Hast du/habt ihr Kinder?

Ay, *indî/*indana walad/bitt/aulâd
ja, bei-mir/bei-uns Sohn/Tochter/Kinder
Ja, ich habe/wir haben einen Sohn/eine Tochter/Kinder.

bitfassah/bitfassahi/bitfassahu au bitashtagil/bitashtagili/bitashtagilu?
spazierst-du/spaziert-ihr oder arbeitest-du/arbeitet-ihr
Mach(s)t du (m/w) / ihr (Mz) Urlaub oder arbeite(s)t du (m/w)/ihr?

ana sâ'ih/sâ'iha / nihna sâ'ihîn
ich Tourist/Touristin / wir Touristen
Ich bin Tourist/Touristin / wir sind Touristen.

shaghâl/shaghâla/shaghâlîn shinû?
arbeitend (m/w/Mz) was
Was bist du/seid ihr von Beruf?

ana ...
ich
Ich bin ... (einige Berufe stehen unten angegeben)

tafaddal/tafaddali/tafaddalu ila l-bêt!
bitte (m/w/Mz) nach das-Haus
Komm/kommt, laß/laßt uns zu mir nach Hause gehen!

marra tânia, inshallah!
mal zweites, so-Gott-will
Vielleicht ein anderes Mal!

shinû *ajabak/*ajabik/*ajabkum aktar hâya fi-s-Sûdân?
was gefällt-dir (m/w) / euch (Mz) meiste Sache in-der-Sudan
Was gefällt dir/euch am meisten im Sudan?

an-nâs tayyibîn wa-s-Sûdân hilu, kullu hâya tammâm!
die-Leute gut und-der-Sudan schön, alle Sache o.k.
Die Leute sind sehr nett, und der Sudan ist schön, alles ist prima!

Shukran! Ma*a-s-salâma!
danke! mit-der-Frieden
Vielen Dank! Auf Wiedersehen!

Allah yisallimak/yisallimik/yisallimkum
Gott er-schütze-dich (m/w) / er-schütze-euch (Mz)
Gott möge dich/euch schützen!

● Berufe / Tätigkeiten

	männlich	weiblich	Mehrzahl (m/w)
Tourist/in	**sâ'ih**	**sâ'iha**	**sâ'ihîn/sâ'ihât**
Arzt/Ärztin	**duktôr**	**duktôra**	**dakâtira/duktôrât**
Ingenieur/in	**muhandis**	**muhandisa**	**muhandisîn/muhandisât**
Handwerker	**fannî**		**fannîyîn**
Lehrer/in	**mudarris**	**mudarrisa**	**mudarrisîn/mudarrisât**
Arbeiter	***âmil**	***âmila**	***ummâl/*âmilât**
Hausfrau		**rabbat menzil**	**rabbât menzil**
Bauer/Bäuerin	**muzâri***	**muzâri*a**	**muzâri*în/muzâri*ât**
Händler/in	**tâjir**	**tâjira**	**tujjâr/tâjirât**
Student/in	**tâlib**	**tâliba**	**tullâb/tâlibât**
Angestellte/r	**muwazzaf**	**muwazzafa**	**muwazzafîn/muwazzafât**

Sich miteinander bekannt machen

dâir at*arraf *alêk/*alêki/*alêkum!
ich-will ich-kennenlerne zu-dir (m/w) / zu-euch (mz)
Ich möchte dich/euch kennenlernen!

mumkin a*arrifak/a*arrifik/a*arrifkum as-sîd/as-sitt ...?
möglich ich-vorstelle-dir (m/w) / euch (Mz) der-Herr/die-Dame ...
Darf ich dir/euch Herr .../Frau ... vorstellen?

dî Sumeya, sahbatî. bit*arifha/bit*arifiha/bit*arifuha?
dies Sumeya, Gefährtin-meine. du-kennst (m/w) / ihr-kennt (Mz) sie
Das ist meine Freundin Sumeya. Kennst du/kennt ihr sie?

dâ sîd Ahmad, jârna. bit*arifhu/bit*arifihu/bit*arifuhu?
dies Herr Ahmad, Nachbar-unser. du-kennst (m/w) / ihr-kennt-ihn
Das ist Herr Ahmad, unser Nachbar. Kennst du/kennt ihr ihn?

Sich entschuldigen

ma*lêsh!
macht-nichts
Entschuldigung!

ana muta'assif!
ich bedauernd
Ich bedaure / Es tut mir leid!

Zustimmen & ablehnen

ana muwâfiq/muwâfiqa!
ich einverstanden
Ich stimme zu/bin einverstanden!

ana ma*ak/ma*ik!
ich mit-dir (m/w)
Ich bin deiner Meinung!

kalâmak/kalâmik sah!
Rede-deine (m/w) richtig
Du hast recht!

wallahi, sah!
und-Gott, richtig
Bei Gott, das ist richtig!

ana fî rây innu ...
ich in Meinung daß ...
Ich meine, daß ...

ana bishûf innu ...
ich ich-sehe daß ...
Ich denke, daß ...

Um eine Ablehnung auszudrücken, muß man die ersten vier Beispiele lediglich mit Hilfe von **ma** verneinen, also **kalâmak ma s̲ah** = 'Du (m) hast nicht recht' usw. (Vgl. Kap. 'Verneinen'!)

Überrascht sein

h̲âya *ajîba!
Sache seltsame
Das ist aber merkwürdig!

istaghrabta/istaghrabti.
ich-war-überrascht (m/w)
Das überrascht mich.

itchalata.
ich-erschrak (m/w!)
Ich bin erschrocken.

Unwohlsein ausdrücken

ana/nih̲na ta*bân/ta*bâna/ta*bânîn
ich/wir ermüdet (m/w/Mz)
Ich bin/wir sind müde (geschafft, kaputt).

ana/nih̲na *ayân/*ayâna/*ayânîn shwaiya/shadîd
ich/wir krank (m/w/Mz) ein-wenig/sehr
Ich bin/wir sind ein bißchen/sehr krank.

***ayân** kann bei jeder Art von Unwohlsein benutzt werden, von leichten Kopfschmerzen bis zur Malaria.

Unterwegs ...

Das öffentliche Verkehrswesen ist schlecht organisiert. Für längere Strecken benötigen Sie Zeit, Geduld und eine gewisse Strapazierfähigkeit. Das Streckennetz ist nur zwischen den großen im Zentrum des Landes gelegenen Städten ausgebaut. Dort gibt es auch klimatisierte Reisebusse. Im größten Teil des Landes jedoch muß man auf sehr einfach ausgestattete Verkehrsmittel zurückgreifen und sich auf schlechte Straßenverhältnisse einstellen.

Ein Großteil des Überlandverkehrs findet auf der Straße statt. Das Schienennetz ist zwar das größte in Afrika, doch sind die teilweise veralteten Züge unzuverlässiger und langsamer als Busse oder LKWs. Eine Zugfahrt von **Khartoum** nach **Niyala** kann in 7 Tagen geschafft sein, aber auch schon mal 12 Tage dauern.

Sudan Air fliegt im Inlandsverkehr etwa 10 Städte an, doch ist es sehr schwer, kurzfristig Plätze zu bekommen.

Bei weiten Entfernungen, etwa **Wâdî Halfa–Khartoum** oder **Khartoum–El Fasher** sollte man sich auch wegen der (für Europäer/-innen) günstigen Preise aber durchaus um einen Flug bemühen.

Der Schiffsverkehr auf dem Nil ist leider nahezu zum Erliegen gekommen.

In den Städten gibt es normale Taxis (teuer, Fahrpreis vor dem Einsteigen aushandeln!), Sammeltaxis und verschiedene Arten von Bussen: Umgebaute Lkws, auf deren Ladeflächen Holzbänke montiert wurden, herkömmliche Busse und Schnellbusse, die nur an bestimmten Haltestellen stoppen. Busse sind für unsere Verhältnisse sehr billig, allerdings ist das Einsteigen häufig mit regelrechten Kämpfen verbunden. Sammeltaxis sind preiswert. Taxameter gibt es keine; nachts verlangen die Taxifahrer in der Regel den doppelten Betrag. Straßennamen gibt es kaum; und die wenigen die es gibt, kennt kaum jemand. Orientieren Sie sich an bekannten Gebäuden oder Plätzen, und fragen Sie sicherheitshalber mehrere Leute.

... in der Stadt

wên wassaṯ al-madîna?
wo Mitte die-Stadt
Wo ist das Stadtzentrum?

min hina amhsî tawâli!
von hier geh geradeaus
Geh von hier immer geradeaus!

***âla yaddak/yaddik ash-shimâl fî masjid**
bei Hand-deine (m/w) die-linke es-gibt Moschee
Zu deiner Linken liegt eine Moschee.

kêf amshî ila-l-jâmi* al-kebîr?
wie ich-gehe zu-die-Freitags-Moschee die-große
Wie komme ich zur Großen Moschee?

dayyâna aṯ-ṯarîq
verloren-wir der-Weg
Wir haben den Weg verloren.

ruẖna
gingen-wir
Wir haben uns verlaufen.

shimâl	Norden (auch links)	**janûb**	Süden
gharb	Westen	**sharg**	Osten
tawâli	geradeaus	**yamîn**	rechts
li-warra	nach hinten, zurück	**giddâm**	(nach) vorn

... mit dem Taxi

Gewöhnliche Taxis finden Sie in der Stadt und auf dem Lande. Sammeltaxis verkehren in allen größeren Städten auf bestimmten Linien. Sie werden **taks tarâha** oder **taks ta*âwun** genannt.

waddîni/waddîna li-s-safâra al-almâniya, lau samahta!
bring-mich/uns nach-die-Botschaft die-deutsche, wenn gewährst-du
Bringe mich/uns bitte zur deutschen Botschaft!

... **as-safâra an-nimsâwîya / as-safâra as-swesrîya**
zur österreichischen Botschaft / zur Schweizer Botschaft?

Es kommt durchaus vor, daß Sie den Taxifahrer dirigieren, oder sich dieser bei Passanten nach dem Weg erkundigen muß.

liff yamîn, lau samahta!
bieg-ab rechts, wenn gewährst-du
Bieg bitte nach rechts ab!

hassa, liff shimâl!
jetzt, bieg-ab links
Jetzt bieg nach links ab!

agîf hina!
halte hier
Halte hier an!

... mit dem Bus

Ein klimatisierter Überlandbus heißt **bâs mukayyif;** einen kleinen Minibus nennt man **hâfla.**

al-bâs-da mâshi Kassala?
der-Bus-dieser gehend Kassala
Fährt dieser Bus nach Kassala?

inta/inti/intu mâshi/-sha/-shîn wên?
du (m/w)/ ihr (m/w + Mz) gehend wo
Wohin fährst du/fahrt ihr?

kam at-tazkira li Karîma?
wieviel die-Fahrkarte für Karîma
Was kostet die Fahrkarte nach Karîma?

kam sâ'a li Bûr Sûdân?
wieviel Stunde nach Bûr Sûdân
Wie lange dauert es nach Port Sudan?

wên ma<u>h</u>a<u>tt</u>at al-bâsât?
wo Bahnhof die-Busse
Wo ist der Busbahnhof?

wên maugif al-bâs?
wo Haltestelle der-Bus
Wo ist die Bushaltestelle?

... mit dem Auto

Es ist durchaus möglich, mit dem eigenen Auto oder mit einem geliehenen Wagen (bei den internationalen Hotels in Khartoum fragen) im Sudan zu reisen. Ich würde jedoch eher davon abraten. Die Straßenverhältnisse sind sehr schlecht, und es können eine Menge Probleme auftreten. Auf dem Land sind viele Leute nicht an Autoverkehr gewöhnt, die Versorgung mit Treibstoff ist meistens sehr schwierig, und bei Pannen sind Originalersatzteile so gut wie nie zu bekommen, wenngleich es recht geschickte Mechaniker gibt.

at-tarîq sa'b li-l-'arabîya?
der-Weg schwierig für-das-Auto
Ist der Weg für Autos schwer befahrbar?

wên agrab turumba?
wo nächste Tankstelle
Wo ist die nächste Tankstelle?

fî jâzôlîn / benzîn?
es-gibt Diesel / Benzin
Gibt es Diesel / Benzin?

amla at-tank
füll der-Tank
Mach den Tank voll.

'arabîti bayza / chasrâna!
Auto-mein kaputt
Mein Auto ist kaputt!

al-farâmil ma shaghâla
die-Bremsen nicht sie-arbeiten
Die Bremsen funktionieren nicht.

al-listik nazal
der-Reifen runtergegangen
Der Reifen ist platt.

Gallone (4 Liter)	**jallôn, -ât**	Reifen	**listik, lasâtik**
Motor	**motôr**	Bremsen	**farâmil**
Kühler	**mubarrid**	Hupe	**burri**
Öl	**zêt**	Unfall	**hâdis**
Versicherung	**ta'mîn**	Brücke	**kubri**
Kreuzung	**tagâṯu***	Grenze	**hudûd**
Regen	**maṯar**	Wind	**hawa**
schnell	**sarî*a**	langsam	**bi-râẖa**

Übernachten

Der Sudan ist touristisch nur wenig erschlossen. Mittelklasse-Hotels und -Pensionen gibt es kaum. In den Großstädten, vor allem in **Khartoum,** finden sich einige internationale Hotels, sowie einige einheimische Äquivalente (zum Teil Überbleibsel aus der Kolonialzeit). Außerhalb der Hauptstadt existieren nur an wenigen Orten gutgeführte, schöne Hotels, so etwa am Roten Meer in **Wad Medani** oder in **Kassala,** einer für Flitterwochen sehr beliebten Stadt an der Grenze zu **Eritrea** und **Äthiopien.**

Eine Einrichtung, die hingegen auch in kleinen Städten anzutreffen ist, ist das **lakonda,** ein meist einstöckiges Gebäude mit spärlich eingerichteten, zum Teil offenen Zimmern um einen weiträumigen Innenhof. Dieser wird bei Bedarf ebenfalls mit Betten vollgestellt. **Lakondas** sind reine Übernachtungsbetriebe, die vor allem von einfachen Leuten angesteuert werden. Frühstück gibt es allenfalls auf besondere Anfrage. Bescheidene sanitäre Anlagen sind in aller Regel vorhanden.

wên lakonda / fundug?
wo Herberge / Hotel?
Wo ist eine Herberge / ein Hotel?

Bei der Frage nach einem **lakonda** (selten auch **lokanda)** wird man Sie zu einer einfachen Herberge der oben beschriebenen Art führen.

Ein **fundug** verfügt über einen höheren Standart. Auch der Begriff **hotêl** ist geläufig. Darunter wird manchmal ein Hotel nach europäischem Modell verstanden.

˙aiz / ˙aiza sarîr wâhid fi-l-hôsh
ich-will (m) / ich-will (w) Bett eins in-der-Hof
Ich möchte ein Bett im Innenhof. (bei einem **lakonda**)

ʿindakum ôda fâḏîya?
bei-euch Zimmer leer?
Haben Sie ein freies Zimmer?

... bi sarîr / wâẖid / dabbl / arbaʿa sarâyir
... mit Bett eins / doppel / vier (w) Betten
... mit einem Bett / Doppelbett / vier Betten?

... li yôm wâẖid / yômên / usbûʿ wâẖid
... für Tag ein (m) / zwei-Tage / Woche ein (m)
... für einen Tag / zwei Tage / eine Woche?

bi dush / banyô lau mumkin!
mit Dusche / Badewanne wenn möglich
mit Dusche / Badewanne, wenn es geht!

bi kam as-sarîr / al-ôda fi-l-yôm?
mit wieviel das-Bett / das-Zimmer in-der-Tag
Was kostet das Bett / das Zimmer pro Tag?

mumkin ashût / nashûf al-ôda?
möglich ich-sehe wir-sehen das-Zimmer
Kann ich / Können wir das Zimmer sehen?

Um nach nötigen Einrichtungsgegenständen zu fragen, kann man folgende Formulierungen benutzen:

fî ...?	**mâ fî / nâgis ...**	**wên ...?**
es-gibt	*nicht es-gibt / fehlend*	*wo*
Gibt es ...?	es gibt nicht / es fehlt ...	wo ist ...?
fî fuṯûr?	**nâgis milâya!**	**wên ad-dush?**
es-gibt Frühstück	*fehlend Laken*	*wo die-Dusche*
Gibt es Frühstück?	Es fehlt ein Laken!	Wo ist die Dusche?

Wichtige Begriffe (Ez / Mz):

sarîr / sarâyir	Bett (europ. Form, in besseren Hotels)
***angarêb / *anâgrib**	Liege mit Bastbespannung (im **lakonda**)
milâya / milâyât	Laken
battânîya / battâtîn	Decke
muchadda / muchaddât	Kissen
kursî / karâsî	Stuhl
tarabêza / tarâbîz	Tisch
ôda / ôwad	Zimmer
h̲ammâm	Bad
môya	Wasser
adbachâna	Klo (umgangssprachlich)
twalêt	Toilette (vornehmer, auch: **dabbl-yû-sî**)

Zeltplätze für Touristen gibt es im Sudan nicht. Zelte (**chêma / chêmât**) werden ausschließlich von Nomaden (***arab**) benutzt. Ausländer, die sich anschicken, ein mitgebrachtes Zelt aufzubauen, gelten als ein bißchen verrückt. Sie werden bestaunt und mit Sicherheit gedrängt, mit ins Dorf (**hilla / hilal**) zu kommen, um dort im eigenen Haus zu übernachten.

Essen & Trinken

In privater Umgebung, also bei Freunden und Bekannten, essen die Sudanesen zumeist zusammen aus einer großen Schüssel in der Mitte des Tisches. Anstatt des bei uns üblichen Bestecks benutzen sie dabei hauptsächlich die Hände, wobei sie sich mit Brot helfen. Es gehört weiterhin zum guten Ton, nichts mit der linken (unreinen) Hand weiterzureichen und sich vor und nach dem Essen die Hände zu waschen.

lau samahta, ˙aiz ughassil idêyî
wenn du-gewährst, ich-will ich-wasche Hand-zwei-mein
Ich möchte mir bitte die Hände waschen.

sâbûn	Seife	**bishkîr**	Handtuch
masûra	Wasserhahn	**môya suchna**	warmes Wasser

Wenn Sie eingeladen werden oder ein Restaurant besuchen, brauchen Sie sich um die Verträglichkeit des Essens in der Regel keine Gedanken zu machen. Versorgen Sie sich allerdings auf der Straße, an Garküchen oder auf dem Markt, so gilt das Motto "Schälen, kochen oder vergessen!"

Frühstück

Das Früstück (**al-futûr**) ist im Sudan bei Leuten, die es sich leisten können, recht üppig und entspricht durchaus einer Mittagsmahlzeit bei uns. Zum Beispiel **fûl** (braune Saubohnen, warm), mit **shammâr** (Kreuzkümmel) und **zêt simsim** (Sesamöl) übergosssen. Die Bohnen werden dann mit Hilfe von Brot mit den Fingern gegessen. Es gibt mehrere Brotsorten, die häufigsten sind:

ragîf	Laib, wird auch für Brot allgemein benutzt.
***êsh**	normales, längliches Weizenbrot
gurrâsa	runde Weizenmehlfladen, etwas säuerlich
kisra	dünne Hirsemehlfladen

Weitere typische Elemente des **fu**<u>**t**</u>**ûr**:

shâ*irîya	süße Nudeln
bei<u>**d**</u> **maslûg**	gekochte Eier
bei<u>**d**</u> **mu**<u>**h**</u>**ammar**	gebratene Eier
ta*mîya falafel	fritierte Kichererbsenbällchen
zabâdi	Joghurt, meistens gesüßt
ta<u>**h**</u>**nîya**	Süßigkeit aus Sesam und Honig
mulâ<u>**h**</u> **tagalîya**	Fleischsoße, zu **gurrâsa**

Seltener, vor allem in Hotels und Restaurants findet man **jibna** (Ziegen- oder Schafskäse), **murabba** (Marmelade) und **zibda** (Butter). Dazu werden verschiedene Salate gereicht, die man auch zu anderen Mahlzeiten ißt:

salata tamâtim	Tomatensalat
salata batâtes	Kartoffelsalat, mit Knoblauch, ev. püriert
salata chadra	gemischter Salat
salata aswad	Auberginenpüreesalat
salata ˙adjûr	Gurkensalat
salata dagwa	Tomatensalat mit Erdnußpaste
salata rôb	Sauermilchsalat mit Gurken und viel Knoblauch

Hauptgericht

Das Hauptgericht **al-wajba ar-râ'isîya** unterscheidet sich stark von Region zu Region. Nur in **Khartoum/Omdurman** finden sich fast alle Varianten, da sich hier Gruppen aus allen Teilen des Landes eingefunden haben.

dujâj muhammar	Huhn gebraten
dujâj dam˙a	Huhn gekocht, mit Zwiebeln und Tomaten
samak muhammar	Fisch gebraten
samak matbûch	Fisch gekocht
kebâb	Fleischspieß
lahm baggar	Rindfleisch
lahm dân	Hammelfleisch
fasîch	sehr scharfe Fischsoße
mahsî	mit Reis und Hackfleisch gefülltes Gemüse
sheya	Fleisch in der Pfanne gebraten
kibda	Leber
kufta	Hackfleischbällchen oder -würstchen
salîga	Fleischsuppe, wird mit **kisra** (s.o.) gegessen
˙asîda	Hirsebrei mit verschiedenen Soßen
kôza mahshî	gefüllte Zuccini
aswad	Auberginen, meistens frittiert
ships	Pommes frites

Suppe & Eintopf

shorba (Suppe) gibt es als **shorba chadâr** (Gemüsesuppe), **shorba ˙adas** (Linsensuppe) und **shorba dujâj** (Hühnersuppe).

mulâh	Eintopf
mulâh gar˙a	Kürbiseintopf
mulâh bâmia	Okraschoteneintopf
mulâh batates	Kartoffeleintopf
mulâh bambey	Süßkartoffeleintopf
mulâh fasûliya	Bohneneintopf
mulâh umm rigêga	dünne Suppe mit gemahlenen Okraschoten

Beilagen & Gewürze

ruzz	Reis
makarôna	Nudeln
muchallal	eingelegtes Essiggemüse
shatta chadra	grüne Peperoni
milih	Salz
filfil	Pfeffer
shatta	getrocknete rote Peperonischoten, gemahlen und mit Zitronensaft verrührt. Wird zu fast allen Gerichten serviert. Vorsichtig dosieren!

Nachtisch

battîch	Wassermelone	**balah**	Datteln
kêk	Kuchen	**jelli**	Fruchtgelee
kastar	gekochter Pudding	**aiskrîm**	Eiscreme

Getränke

Alkoholika gibt es im Sudan im öffentlichen Leben nicht. Dies war nicht immer so, **birra marîsa** (Hirsebier), das vor allem von den Südsudanesen gebraut wurde, war bis vor einigen Jahren ein beliebtes und problemlos erhältliches Getränk. Ansonsten gibt es eine große Anzahl wohlschmeckender heißer und kalter Getränke sowie die üblichen Softdrinks. Besonders der einheimische Kaffee ist empfehlenswert.

jabana	starker Kaffee, mit Pfeffer, Kardamom, Ingwer		
shây (bi-laban)	Tee (mit Milch)		
kerkekdê	kalter, gesüßter Hibiscustee		
laban	kalte, meist süße Milch		
môya (mutallaja)	Wasser (eisgekühlt)		
sukkar ketîr	viel Zucker		
sukkar shwaiya	wenig Zucker		
bidûn sukkar	ohne Zucker		
***asîr**	Saft	***asîr môz**	Banane
***asîr mangâ**	Mangosaft	***asîr burtugâl**	Orangensaft
***asîr jawâfa**	Guave	***asîr grên**	Grapefruit
***asîr *ardêb**	Tamarinde	***asîr leymûn**	Zitrone
***asîr shammâm**	Honigmelone	***asîr tebeldi**	Baobab

mangâ, môz und **jawâfa** kann man auch als **bi-laban** (Milchshake) bekommen, einzeln oder alle drei als Cocktail. Der heißt dann ***asîr mushakkal** (*Saft gemischt).*

Im Restaurant

Die Restaurantkultur ist im Sudan wenig ausgeprägt. Das liegt am geringen Einkommen der Menschen und an der langwierigen Herstellungsweise mancher Speisen. Auf dem Lande gibt es hauptsächlich preiswerte Garküchen, in den größeren Städten auch einfache Restaurants. In einer Garküche schaut man entweder den anderen auf den Teller oder gleich in die Töpfe:

ahlan wa sahlan! Intu kam nafar?
familiär und angenehm! ihr wieviel Person
Willkommen! Wieviele Personen seid ihr?

(nihna) itnên.
(wir) zwei.
(Wir sind) zu zweit.

da shinû?
dies was
Was ist das?

***indakum shinû?**
bei-euch was
Was gibt es bei euch?

***aizîn takulu shinû?**
wollend ihr-eßt was
Was wollt ihr essen?

fî qâ'imat at-ta*âm bi-l-inglîzî?
es-gibt Liste die-Mahlzeit in-das-Englisch
Gibt es eine Speisekarte auf Englisch?

Beim Bezahlen ist in Restaurants selbstverständlich ein Trinkgeld von etwa 10 Prozent angebracht (dies gilt nicht für Garküchen):

al-fatûra, lau samahta!
die-Rechnung, wenn du-gewährst
Die Rechnung, bitte!

tafaddal/tafaddali/tafaddalu
bitte (m/w/Mz)
Bitte!

shîl al bâgi!
nimm der-Rest
Der Rest ist für dich!

Zu Gast sein

Wie in allen arabischen Ländern, so zählt auch im Sudan die Gastfreundschaft zu den am höchsten geachteten Traditionen. Sie erwächst aus der Notwendigkeit gegenseitiger Solidarität und Hilfe, die in Ländern fast ohne staatliche soziale Sicherungssysteme überlebenswichtig ist. Fremden zu helfen, gehört für jeden Sudanesen zu den Selbstverständlichkeiten des Alltags und steigert das Prestige bei Freunden und Nachbarn.

Es wird Ihnen deshalb oft passieren, daß Sie von wildfremden Sudanesen angesprochen und eingeladen werden. Sie brauchen in solchen Fällen nicht mißtrauisch zu sein, sollten sich aber überlegen, ob eine Einladung vielleicht nur aus Höflichkeit ausgesprochen wurde. In diesem Falle lehnen Sie freundlich, aber bestimmt ab. Niemand wird es Ihnen übelnehmen.

Entschließen Sie sich jedoch, eine Einladung anzunehmen und handelt es sich dabei um mehr als ein Glas Tee, sorgen Sie für ein angemessenes Gastgeschenk. Dafür eignen sich Süßigkeiten (als Ihr Beitrag zum Essen) oder kleine praktische Dinge wie Taschenlampen, Taschenmesser, Kosmetika, Parfüm, Seifen oder Modeschmuck. Kinder freuen sich besonders über Luftballons, Buntstifte und Bonbons. Besonders gefragt (und sinnvoll) sind Medikamente.

tafaddal/tafaddali/tafaddalu, ta'âl/ta'âli/ta'âlu!
bitte (m/w/Mz), komm her (m/w) kommt her (Mz)
Hallo du/ihr, komm/kommt mal her!

aduchl/aduchli/aduchlu, ashrab/ashrabi/ashrabu shây!
komm-herein (m/w)/kommt-herein (Mz), trink (m/w)/trinkt (Mz) Tee
Komm/kommt rein und laßt uns einen Tee trinken!

shukran jazîlan!
Dank reichlich
Vielen Dank!

Je nachdem, ob Ihre Mimik und Ihr Gestus dabei ablehnend oder zustimmend sind, haben Sie die Einladung freundlich ausgeschlagen oder angenommen. Lehnen Sie ab, können Sie noch hinzufügen:

(shukran jazîlan,) marra tânia insha'allah!
(Dank reichlich) mal anderes so-Gott-will
(Danke,) Vielleicht ein andermal!

Das 'ein andermal' ist unverbindlich verpflichtet Sie zu nichts.

Einen Gast nach Hause einzuladen und ihn dann halbgesättigt wieder zu entlassen, gilt als ausgesprochen unhöflich. Deshalb wird man Ihnen, sobald sich Teller oder Glas halbwegs zu leeren beginnen, nachschenken - ein leergegessener Teller wird als Signal an den Gastgeber verstanden, daß man noch nicht satt ist. Wenn man diese Regeln nicht kennt, kann das dazu führen, daß die gesamte Familie um den Gast herumsitzt, der als einziger noch ißt. Fühlen Sie sich also gesättigt oder wollen Sie aus anderen Gründen nichts mehr, lassen Sie Ihren Teller halbgefüllt stehen und wehren Sie jeden Nachschlag mit einem nachdrücklichen **shukran** ab. Halten Sie gegebenenfalls die Hand über ihr Glas. Sobald der Gastgeber ein Einsehen hat, wird er sagen:

Allah yu˙afîk/yu˙afîki/yu˙afîku	**bi-l-˙âfiya!**
Gott er-gibt-Wohlbefinden-dir/euch	*mit-dem-Wohlbefinden*
Gott gebe dir/euch Wohlbefinden!	Zum Wohl!

Wollen Sie dann gehen, sagen Sie:

˙an izinak/izinik/iznakum!
von Erlaubnis-deiner (m/w) / eurer (Mz)
Wenn du gestattest/ihr gestattet!

Religion

Die Sudanesen sind überaus religiöse Menschen. Dies gilt ungeachtet ihrer Konfession. Da Sie vor allen Dingen mit Muslimen in Kontakt kommen werden (der christlich und animistische Süden ist aufgrund des Bürgerkriegs nicht zugänglich), bezieht sich das folgende Kapitel auf den Islam.

Der Islam prägt das Alltagsleben im Sudan weit stärker als das Christentum bei uns. Er bestimmt auch die sozialen Umgangsformen mit, angefangen bei der Kleidung bis zur Art der Kontakte zum anderen Geschlecht. Nehmen Sie die religiösen Gefühle Ihrer Gesprächspartner/innen ernst – und 'outen' Sie sich auf keinen Fall als Atheist. Das Beste, was Ihnen in einem solchen Fall blüht, sind lange, zähe Diskusionen über Gott und Religion.

Im Gegensatz zu einigen anderen islamischen Ländern dürfen Sie im Sudan keine Moscheen betreten.

Religion, Religionen	**dîn, adyân**
Gebet	**s̲alât**
Muslim, Muslime	**muslim, muslimîn**
Muslima, Musliminnen	**muslima, muslimât**
Koran	**qur'ân**
Moschee / Freitagsmoschee	**masjid / jâmi'**
Vorbeter in der Moschee	**imâm**
muslimischer Mystiker	**sûfî**
(mystische) Bruderschaft	**t̲arîga**
Christ, Christen	**masih̲î, masih̲îyîn**
Christin, Christinnen	**masih̲îya, masih̲îyât**
Katholik, -in	**katulikî, katulikîya**
Protestant, -in	**brutistantî, brutistantîya**
Bibel	**injîl**
Kirche	**kanîsa**
christlicher Priester	**gasîs**
Jude, Juden / Jüdin, Jüdinnen	**jahûdî, jahûd / jahûdîya, jahûdîyât**

Kaufen & Handeln

Der Sudan ist ein überwiegend arabisches Land, und in arabischen Ländern muß man handeln, denken Sie vielleicht. Das trifft jedoch nur bei bestimmten Gelegenheiten zu, vor allem bei Luxusgütern. Oft sind die Beträge aus unserer Sicht so gering, daß Handeln unsinnig erscheint. Selbst wenn Sie den Eindruck haben, daß von Ihnen ein wenig (!) mehr verlangt wird als von den Einheimischen. Sehen Sie's mit einem Lächeln und zahlen Sie den verlangten Betrag. Nur wenn es wirklich deutlich viel mehr ist, sollten Sie protestieren.

Von einem/einer **chawâja/chawâjîya** wird gemeinhin erwartet, daß er/sie viel Geld hat (was im Verhältnis ja auch richtig ist); Europäer/innen, die um Pfennigbeträge feilschen, machen sich lächerlich. Häufig werden Sie sehen, daß Frauen oder Kinder Kleinigkeiten wie Süßigkeiten, Zigaretten, Kämme usw. auf einem Tablett herumtragen. Wie an jedem festen Stand auch, wollen sie ihre Waren verkaufen. Zögern Sie also nicht, solche Personen anzusprechen, wenn es Ihnen nach etwas aus ihrem Angebot gelüstet.

An größeren Marktständen und in Geschäften gibt es für alle Dinge des täglichen Bedarfs Festpreise, die allerdings häufigen Schwankungen unterworfen sind (Inflation und Versorgungsprobleme). Handeln ist, wie gesagt, nur bei größeren Anschaffungen und bei typischen Souvenirs angebracht. In solchen Fällen sollten Sie dann aber auch wirklich hartnäckig feilschen. Das gehört zum guten Ton. Eine solche Feilscherei muß natürlich nicht unbedingt mit einem Kauf enden, doch ergreifen Sie nicht ohne wirkliches Interesse, nur der Unterhaltung willen, die Initiative.

Um Interesse an einem Gegenstand zu bekunden, reicht es, stehenzubleiben und ihn eine Weile kritisch zu mustern. Schon bald wird man Sie ansprechen. Sie können natürlich auch selbst den Anfang machen. Deuten Sie auf den Gegenstand und fragen Sie:

bê kam?
mit was
Wieviel kostet das?

sittu mîya jinê
sechs hundert Guinee
Sechshundert sud. Pfund

Nun können Sie mit dem Handeln beginnen:

da ghâlî shadîd!
dies teuer sehr
Das ist sehr/zu teuer!

la, da rachîs!
nein, dies billig
Nein, das ist billig!

mafrûd tunaggis shwaiya
zwingend du-verringerst ein-wenig
Du mußt ein wenig runtergehen.

tayyib, chamsu mîya!
gut, fünf hundert
Gut, fünfhundert!

mâ fî mujâmala?
nicht es-gibt Freundlichkeit
Gibt es nicht noch einen Nachlaß?

chalas, kweys, shîlu bê arba˙u mîya!
Schluß, gut, nimm-ihn mit vier hundert
Ok, ist ja gut, nimm es für vierhundert!

Die Verhandlungen können sich über Stunden erstrecken. Jede Seite fährt alle Argumente auf, die ihr einfallen, um den gewünschten Preis zu erzielen. Nach Abschluß eines größeren Geschäfts wird Ihnen der Händler zu Ihrem guten Kauf gratulieren.

mabrûk!
gesegnet
Meinen Glückwunsch!

Allah yibârik fîk/fîki/fîkum.
Allah er-segne auf-dich (m/w) / auf-euch (Mz)
Gott möge dich/euch segnen!

Noch einige Bekräftigungsformeln, wenn Einigkeit erzielt wurde:

mâshi!	Ok!	**tammâm!**	Genau!
ittafagna	Einverstanden!	**sâh!**	Richtig!

Sollten Sie sich nur etwas anschauen wollen, werden aber trotzdem in ein Verkaufsgespräch verwickelt, sagen Sie:

ana bess atfarrraj!
ich nur ich-betrachte
Ich schaue mich nur um!

ma ʻaiz ashtarî h̲âya!
nicht ich-will ich-kaufe Sache
Ich will nichts kaufen!

Wie in fast allen Ländern mit Devisenbewirtschaftung und Mangel an Konsumgütern gibt es auch im Sudan einen **sûq aswad,** einen Schwarzmarkt. Hierzu zählen sowohl die Händler am Straßenrand, die gebrauchte Photoapparate und ähnliches verkaufen, als auch Leute, die Geld tauschen wollen. Letztere sind hin und wieder Regierungsangestellte, die sozusagen Ihre Standfestigkeit testen wollen! Zwar ist der Schwarzmarktkurs um einiges besser als der reguläre Bankkurs, doch sollten Sie sich gut überlegen, ob Sie das Risiko eingehen wollen, nähere Bekanntschaft mit der sudanesischen Polizei zu machen.

Guinee, sud. Pfund	**jinê, jinêhât** (Ez/Mz)
Piaster (Pfennig)	**girish, gurûsh** (Ez/Mz)
Preis	**taman** (auch **siʻr**)
Restgeld, Wechselgeld	**bâgi**
Geschäft, Laden	**dokân, dakâkîn** (Ez/Mz)
Besitzer eines Ladens	**sîd ad-dokân**
Verkäufer / Verkäuferin	**bâ'iʻ / bâ'iʻa**
verkaufen	**bâʻ, yabîʻ** (3.Ez m)
kaufen	**ishtarâ, yashtarî** (3.Ez m)
verringern (Preis)	**naggas, yunaggis** (3.Ez m)
zeigen (Zeig mir!)	**warâ, yuwarî** (3.Ez m); **(warîni!)**
Größe (bei Kleidung)	**magiâs**
(an) probieren	**jarrab, yujarrib** (3.Ez m)
Darf ich es anprobieren?	**mumkin ujarribu?**

Fotografieren

Der Sudan bietet zahlreiche interessante Photomotive, und niemand wird es Ihnen übelnehmen, wenn sie seine landschaftlichen Schönheiten in einem Bild festhalten wollen. Photographieren Sie jedoch nichts, was von militärischer Wichtigkeit sein könnte. Legen Sie diesen Begriff weit aus! Neben Soldaten, Geheimdienstlern und Kasernen gehören auch Brücken, Flugzeuge usw. dazu. Um Schwierigkeiten zu vermeiden, sollten Sie sich in **Khartoum** von der Tourismus-Verwaltung (**idâra as-sîyâhîya**) eine Photoerlaubnis (**ruchsa taswîr / futughrâfîya**) ausstellen lassen. Das wird zwar wenig helfen, wenn Sie tatsächlich einmal Strategisches photographieren sollten und dabei erwischt werden, löst aber eventuelle Probleme mit übereifrigen Polizisten und anderen Amtsträgern, die eine solche Bescheinigung oft milde stimmt.

Menschen sollten Sie nur photographieren, wenn Sie sicher sein können, daß diese nichts dagegen haben. Viele Sudanesen wollen aus religiösen Gründen nicht photographiert werden; andere fühlen sich in ihrer Würde verletzt, wenn ihre Armut auf Bild gebannt wird und/oder weil es einen Eingriff in ihre Privatsphäre bedeutet. Viele, besonders Kinder und junge Leute, werden aber auch sehr gerne photographiert. Fragen Sie am besten, bevor Sie auf den Auslöser drücken:

mumkin ashîl sûra minak/minik/minkum?
möglich ich-nehme Bild von-dir (m/w) / von-euch (Mz)
Darf ich dich/euch photographieren?

aywa, mumkin, lakin lê?
ja, möglich, aber warum
Ja, in Ordnung, aber warum möchten Sie das?

ʿaiz us̲auwwarak/us̲auwwarik/us̲auwwarkum li zikri!
ich-will ich-photo.-dich(m)/(w)/ich-photo. -euch(Mz) für Erinnerung-meine
Ich möchte dich/euch zur Erinnerung photographieren!

tarsilni / tarsilini // tarsilna / tarsilina s̲ûra? — **t̲abʿan!**
du(m) / du(w)-schickst-mir // du(m) / du(w)-schickst-uns Bild — Natürlich
Schickst du mir / uns ein Bild?

Photoerlaubnis	**ruchs̲a tas̲wîr / futughrâfîya**
Film, Filme	**filim, aflâm** (Mz)
Farbfilm	**filim bi-l-alwân**
Schwarz-Weiß-Film	**filim abyad̲ wa aswad**
Bild, Bilder; Photo, Photos	**s̲ûra, s̲uwar** (Mz)
Kamera, Photoapparat	**kamêra**
Blitzgerät	**flâsh**

Bank, Behörden & Post

Drei Behörden sind für Sie von besonderer Wichtigkeit: Post, Bank und das Ausländeramt des Innenministeriums. Die Verhaltensregeln, die man hier beachten sollte, gelten aber auch für andere öffentliche Einrichtungen. Bleiben Sie in jedem Falle ruhig, geduldig (auch wenn es schwerfällt), höflich und bestimmt. Sehen Sie von Bestechungsversuchen und kleinen Geschenken ab; sudanesische Beamte können in solchen Fällen sehr unerfreulich reagieren. In wichtigen Einrichtungen findet man in der Regel jemanden, der passabel Englisch spricht und weiterhelfen kann.

Die offizielle Arbeitszeit für Banken und Behörden ist von 8 bis 14 Uhr. Freitag ist Feiertag.

Bank

***aiz uẖawwil gurûsh.**
ich-will ich-wechsle Geld.
Ich möchte Geld wechseln.

kam si*r ad-dûlâr?
wieviel Preis der Dollar
Wie steht der Kurs des Dollars?

Nehmen Sie für die Reise am besten US-Dollar (Bargeld) mit.

Bank	**bank, bunûk** (Ez/Mz)
(Reise-)Scheck	**shîk (siyâhî), shîkât (siyâhîya)** (Ez/Mz)
Geldwechsel	**taẖwîl**
wechseln (Geld)	**ẖawwal, yuẖawwil** (3.Ez, m)
Schalter	**shubbâk, shababîk** (Ez/Mz)
harte Währung	***umla s̱a*ba**
Kleingeld	**fakka**
Dollar	**dûlâr, dûlârât** (Ez/Mz)
Deutsche Mark	**mark almânî, markât almânîya** (Ez/Mz)
Österreich. Schilling	**shilling nimsâwî**
Schweizer Franken	**frang swesrî**

Achtung: **shilling** ist die Obereinheit zu **girish** (vergleiche das Kapitel 'Geld').

Behörden

***aiz tamdîd iqâmati.**
ich-will Verlängerung Aufenthalt-mein
Ich möchte meine Aufenthaltsgenehmigung verlängern lassen.

***aizîn tasrîh safar ila Nyala, lau samahta!**
wir-wollen Erlaubnis Reise nach Nyala, wenn du-gewährst
Wir möchten bitte eine Reiseerlaubnis nach Nyala!

Wên al-mas'ûl?
wo der-Verantwortliche
Wo ist der dafür Verantwortlichen?

Innenministerium	**wizârat ad-dâchilîya**
Paßbehörde	**maktab al-jawâzât**
Reisepaß, Reisepässe	**jawâz, jawâzât**
Aufenthaltsgenehmigung	**iqâma**
Visum, Visa	**ta'shîra, ta'shîrât**
Reiseerlaubnis	**tasrîh safar**
Photoerlaubnis	**tasrîh taswîr**
Verlängerung	**tamdîd**
verlängern	**maddad, yumaddid** (3.Ez, m)
abgelaufen	**mutahi**
gültig	**sâlih**
Beamter, Beamtin	**muwazzaf, muwazzafa**
verantwortlich, Verantwortlicher	**mas'ûl**

Post

***aiz tawâbi* li jawâb ila Almâniya bi-l-barîd al-jauwî.**
ich-will Briefmarken für Brief nach Deutschland mit-die-Post die-luftige
Ich möchte Briefmarken für einen Luftpost-Brief nach Deutschland.

Postamt	**busta**
Brief, Briefe	**jawâb, jawâbât**
eingeschriebener Brief	**jawâb musajjal**
(Stempel- oder Brief-) Marke	**ṯâbi*, ṯawâbi***
Luftpost	**barîd jauwî**

Krank sein

Es kann passieren, daß Sie sich während Ihres Sudanaufenthaltes eine Magenverstimmung zuziehen. Vor anderen Krankheiten können Sie sich entweder leicht schützen (vor Malaria durch Prophylaxe), oder es sind typische Armutskrankheiten, die fast ausschließlich diejenigen treffen, die unzureichend ernährt in schlechten hygienischen Verhältnissen leben.

In den großen Städten finden sich Ärzte, die in Europa studiert haben und Englisch oder eine andere Fremdsprache sprechen. Normalerweise ist der Standard in Privatpraxen und -kliniken deutlich höher als in öffentlichen Krankenhäusern.

niḫna *ayânîn
wir krank (Mz)
Wir sind krank.

***indi humma shadîda**
bei-mir Fieber starkes
Ich habe starkes Fieber.

bita*rif / bita*rifi duktôr kân bigra fî Urubba?
kennst-du (m)/(w) Doktor er-war er-studiert in Europa
Kennst du einen Arzt, der in Europa studiert hat?

***indi alam fi-l- ...**
bei-mir Schmerz in-der/die ...
Ich habe Schmerzen im/am ...

Zähne	**asnân**
Hals	**halg**
Bauch	**batn**
Augen	***uyûn**
Kopf	**râs**
Durchfall	**is'hâl**
Grippe	**influenza**
Schmerz	**alam, âlâm** (Ez/Mz)
Wunde, Verletzung	**jarh, jurûh** (Ez/Mz)
sich übergeben	**tarash, yitrush** (3. Ez, m)
Krankenhaus	**mustashfa** (auch **osbitâliya**)
Apotheke	**ajzachâna**
Medizin	**dawâ, adwîya** (Ez/Mz)
Tablette	**habba, hubûb** (Ez/Mz)
Spritze	**ibra**
steril	**mu*aqqam**
Bilharziose	**bilharziya**
Gelbsucht	**ghêrghân**
Cholera	**kulêra**
Tbc	**tîbî**
Gehirnhautentzündung	**sihâ'i** (sehr verbreitet)

Notfälle

wên fî telifôn?
wo es-gibt Telefon
Wo ist ein Telefon?

alhagûnî!
helft-mir
Kommt mir zur Hilfe!

kân *indî hâdis!
er-war bei-mir Unfall
Ich hatte einen Unfall!

sa*adûnî, lau samahtu!
helft-ihr-mir, wenn ihr-gewährt
Helft mir bitte!

saragûnî!
sie-bestahlen-mich
Man hat mich bestohlen!

lau samahtu, achbarû as-safâra al-almâniya!
wenn ihr-gewährt, benachrichtigt die-Botschaft die-deutsche
Bitte benachrichtigt die deutsche Botschaft!

... as-safâra as-swesrîya
... die schweizer Botschaft!

... as-safâra an-nimsâwîya
... die österreichische Botschaft!

Nichts verstanden? - Weiterlernen!

Ruhe bewahren, weiterüben! Arabisch gehört für uns Mitteleuropäer/innen zu den Sprachen, die nur schwer zu knacken sind. Das Sudanesisch-Arabisch ist in vielem einfacher als die arabische Hochsprache; es kommen aber auch ein paar Schwierigkeiten hinzu: Aufgrund der vielen Völkerschaften und großen Entfernungen im Sudan schwanken Wortschatz und Betonung von Region zu Region erheblich. Zum Teil werden sogar ganz andere Sprachen gesprochen. Überdies klingt das Sudanesische häufig ein bißchen vernuschelt.

ana bitkallam sûdâni basît bess
ich ich-spreche Sudanesisch gering nur
Ich spreche nur wenig Sudanesisch.

mumkin tatkallam bi râha?
möglich du-sprichst mit Ruhe
Könntest du bitte langsam sprechen?

ma fahimta kullu hâya
nicht ich-verstand alle Sache
Ich habe nicht alles verstanden.

ma bifham kullu-kullu
nicht ich-verstehe alles-alles
Ich verstehe überhaupt nichts.

Der arabische Stadtdialekt von **Khartoum / Omdurman** ist sozusagen die Verkehrssprache des Sudan. Er wird in den meisten Landesteilen verstanden. Mit Hocharabisch kommt man demgegenüber nur bei wenigen Gebildeten weiter.

Ein anderer Vorteil des Dialekts: Man kommt schon mit einem bescheidenen Wortschatz recht weit. Vieles wird durch Gestik und Betonung klar. Wenn Sie diesen Sprechführer durchgearbeitet und die Vokabeln gelernt haben, sind Sie schon ziemlich gut. Bleiben Sie am Ball, trauen Sie sich zu sprechen und hören Sie genau zu. Durch intensiven Kontakt mit den Einheimischen lernt man am besten!

kêf tagûl/tagûli li da?
wie du-sagst (m) / du-sagst (w) für dies
Wie nennst du das da?

ismu shinû bi-l-lahja as-sudâni / bi-d-dâriji?
Name-sein was in-der Umgangssprache der-sud. / in-der-Dialekt
Was heißt das in sudanesischer Umgangssprache / im Dialekt?

Wenn jemand Englisch oder Hocharabisch mit Ihnen sprechen möchte, Sie aber Sudanesisch reden wollen, sagen Sie:

afwan, ana dair atkallam zey an-nâs fi-sh-shâri
Verzeihung, ich will ich-spreche wie die-Leute in-die-Straße
Entschuldige bitte, ich möchte wie die normalen Leute reden.

Umgekehrt können Sie fragen:

fi nâs hina bitkallamu Inglîzi / Fransi / Almâni?
es-gibt Leute hier sie-sprechen Englisch / Französisch / Deutsch
Ist hier jemand, der Englisch / Französisch / Deutsch spricht?

Falls ja:

lau samahta, mumkin tutarjim lî?
wenn du-gewährst (m), möglich du-übersetzt für-mich
Bitte, könntest du mir das übersetzen?

Literaturhinweise

Das Sudanesisch-Arabische ist eine wissenschaftlich erst wenig erforschte Sprache. Aber natürlich gibt es neben diesem Sprechführer auch andere Werke über das Sudanesische – leider nicht allzu viele und meines Wissens keine deutschsprachigen. Die mir bekannten seien hier kurz angeführt:

- Kaye, Alan S.: **Chadian And Sudanese Arabic In The Light Of Comparative Arabic Dialectology.** Den Haag 1976. *(streng wissenschaftlich,* vergleicht die arabischen Dialekte des Tschad und des Sudan)

- Persson, Andrew and Janet, with Ahmad Hussein: **Sudanese Colloquial Arabic for beginners.** Horsleys Green (GB) 1980. *(Lehrbuch mit Übungen,* einige Ungenauigkeiten. Geeignet zum Selbststudium, am besten mit Hilfe eines sudanesischen Partners; enthält ein Wörterverzeichnis!)

- Worsley, Allan: **Sudanese Grammar.** London 1925. *(der Pionnier,* z.T. veraltet, setzt bes. in der Terminologie Grundkenntnisse des Hocharabischen voraus)

- Trimmingham, J. Spencer: **Sudan Colloquial Arabic.** London 1946 (2. Auflage). *(der Klassiker,* behandelt den 'gereinigten' Stadtdialekt von Omdurman)

Obwohl dieser Sprechführer auch praktische landeskundliche Hinweise enthält, kann er natürlich keinen Reiseführer ersetzen. Allerdings bietet der deutsche Büchermarkt hier ebenfalls kaum Auswahl. Der meiner Meinung nach empfehlenswerteste Reiseführer:

- Else, David: **Sudan Reisehandbuch.** Kiel: Conrad Stein Verlag 1988.

Wörterliste

Die folgende Liste enthält knapp 1000 Begriffe, die einen ausreichenden Grundstock für zahlreiche Gesprächssituationen darstellen. Nicht aufgenommen sind Zahlen und Bezeichnungen für Farben, Speisen, Getränke, Lebensmittel, Autoteile und Bekleidung, die man den Listen in den entsprechenden Kapiteln entnehmen kann.

Sudanesische Wörter, die durch Semikolon voneinander getrennt sind, bezeichnen sinnverwandte Begriffe.

In den Fällen, wo die Angabe einer Mehrzahlform (Mz) sinnvoll erschien, steht sie hinter der Einzahl (Ez) des jeweiligen Geschlechts. Wörter, die Menschen bezeichnen, sind also in der Reihenfolge: Ez m, Mz m; Ez w, Mz w aufgeführt. Bei Wörtern, die eine Mehrzahl auf -ât bilden, fällt ein kurzes a am Wortende der Einzahlform aus.

Beachten Sie weiterhin, daß bei den Verben die Entsprechung eines deutschen Infinitivs immer in der 3. Person Einzahl männlich angegeben ist, und zwar in der Vergangenheit und der Gegenwart.

Deutsch - Sudanesisch

■ A

Abend – **masa, amsîya**
Abendessen – ***asha**
aber – **lâkin**
abfahren – **gâm, yagûm**
abfliegen – **gâm, yagûm**
abgeben – **sallam, yusallim**
abreisen – **sâfar, yusâfir**
abschleppen – **jarr, yajurr**
Abteil – **gism, agsâm**
Adresse – ***unwân, *anâwîn**
Alkohol – **alquh̲ûl**
allein – **barauw**
alles – **kulu**
als (Beding.) – **ka**
als (zeitl.) – **lamma**
als (Vgl.) – **min**
alt (nicht jung) – ***ajûz**
alt (nicht neu) – **gadîm**
Alte(r) – ***ajûz, ajâ'iz; *ajûza, -ât**
Alter (Lebens-) – ***umr, umûr**
Andenken – **zikra, yât**

anfangen – bada, yabda
Angestellte(r) – muwazzaf, -în; -fa, -ât
Angst – chôf
anhalten – wagaf, yagif
ankommen – wasal, yasil
Ankunft – wusûl
anmelden – sajjal, yusajjil
Antwort – jawâb, jawâbât
antworten – radd, yarudd
Apotheke – ajzachâna, -ât
arbeiten – ishtaghal, yashtaghil
Arbeiter(in) – *âmil, *ummâl; *âmila, -ât
arm – faqîr (materiell); miskîn
Arzt – doktôr, dakâtira
auch – bardo
auf – fôq
Aufenthalt – iqâma, -ât
aufhören – wagaf, yagif
aufstehen – gâm, yagûm
aufwachen – saha, yasha
aus – min
Ausfuhr – tasdîr, -ât
Ausgang – churûj
ausgezeichnet – mumtâz, tamâm
Auskunft – isti*lâm, -ât
Ausland – chârij
Ausländer(in) – ajnabî, ajânib; -abîa, ât
Ausländer(in) – chawâja, chawâjât; chawâjîya, chawâjîyât
ausländisch – ajnabî
Ausreise – churûj
Aussprache – munâqasha; talaffuz
aussteigen – nazal, yanzil
Ausstellung – ma*rad, ma*ârid
Ausweis – jawâz, ât
ausziehen – tala*, yatla*
Auto – *arabîya, -ât
Autowerkstatt – warsha, warash

■ B

Badeanzug – mayô
Badehose – mayô
baden – istahamma, yastahamma
Badezimmer – hammâm, ât
Bahnhof – mahatta, ât
Bahnsteig – rasîf
bald – garîban
Bank (Geld) – bank, bunûk
Bank – kanaba, -ât
Bargeld – kâsh
Batterie – batârîya, -ât
bauen – bana, yabni
Bauer (Bäuerin) – muzâri*, -în; -âri*a, -ât
Baum – shajara, shajjar
beeilen, sich – ista*jal, yasta*jal
beenden, abschließen – intaha, yantahi
beenden, vollenden – tamm, yatimm
begegnen,sich – tagâbal, yatagâbal
begleiten – masha ma*, yamshi ma*
begrüßen – istagbal, yastagbal
behandeln (Krankh.) – *âlaj, yu*âlij
Behörde – idâra, -ât
bei – *ind
Beispiel – masal, amsâl
bekanntmachen, sich – *arraf, yu*arrif
beleidigen – nabbaz, yunabbiz
benachrichtigen – chabar, yachbir
Benzin – banzîn
Berg – jebel, jibâl
Beruf – wazîfa, wazâ'if
berühmt – mashhûr
beschweren, sich – shaka, yashku
besichtigen – zâr, yazûr
Besitzer – sâhib, as'hâb
besser – ahsan
bestellen – talab, yatlub
Bestellung – talab, -ât

bestrafen – *âqab, yu*âqib
Besuch – ziyâra, -ât
besuchen – zâr, yazûr
betrügen – ghash, yaghush
betrunken – sakrân
Bett – sarîr, sarâyir
Bettzeug (Laken) – milâya, -ât
Bettzeug (Kissen) – muchadda, -ât
bevor – gabl
Beweis – isbât
bezahlen – dafa*, yadfa*
Bier (sudan.) – marîssa
Bier – bira
Bild – sûra, sûwar
billig – rachîs
Binde (Damen-) – hifâz al-haid, guttun
bis – hatta
bißchen – shwayya
Bitte – talab, -ât
bitten – talab, yatlub; arja, yarju
Blatt (Baum) – safaga, -ât
Blatt – waraqa, waraq
blau – lebenîy
bleiben – ga*ad, yag*od
Bleistift – galam rasâs, aglâm rasâs
Blume – zahra, zihûr; warda, wurûd
Boot – murkab, marâkib
Botschaft (dipl.) – safâra, -ât
Brand – harîga, harâ'ig
Brauch – taqâlîd; *âdât
brauchen – ihtâj, yahtâj
breit – *arîd
brennen – harrag, yuharrig
Brief – jawâb, -ât; chitâb, -ât
Briefmarke(n) – tâbi*, tawâbi*
Briefumschlag – zarf, zurûf
Brille – nazâra, -ât
bringen – jâb, yajîb
Brot – *êsh
Brücke – kubri, kabâri
Bruder – ach, ichwân
Brust (weibl. Busen) – shatûr
Brust(korb) – sadr
Buch – kitâb, kutub
buchen – hajaz, yahjiz
Buchstabe – harf, hurûf
bunt – mulauwan
Burg – qala*, -ât
Bürger(in) (Staats-) – muwâtin, -în; -a,-ât
Büro – maktab, makâtib
Bus – bâs, -ât

■ C

Chauffeur – sawâg, -în
Chef – mudîr, -în
da – hinâk
Dach – sagf, sugûf
dafür – lizâlik;
dafür – *ashann
dahinter – warâ
damit, um zu – *ashân
danach – ba*dâk
danke – shukran
danken – shakar, yashkur
dann – summa
darum – *ashân kidda
daß – innu
Datum – tarîch
dauern – madd, yamudd
Decke (Bett) – batânîya, batâtîn
dein(e) – haggak, haggik
denken – fakkar, yufakkir
Denkmal – timsâl, tamâsil
deshalb – *ashân kidda
deutsch – almânîy
Deutsche(r) – almânîy, -în; almânîya, -ât

Deutschland – **almânya**
Dialekt – **lahja, -ât**
dick – **samîn; tachîn**
Diebstahl – **sarga, -ât**
dies – **da**
diese(r,s) – **di**
Ding – **hâja, -ât**
Diskothek – **disko**
Dokumente – **aurâg (Mz)**
Dolmetscher – **mutarjim, -în**
Dorf – **h̲illa, h̲ilal; qarya, qura**
dort – **hinâk**
dorthin – **li hinâk**
Dreck (Schmutz) – **wasach**
dringend – **d̲arûrî**
du – **inta (m), inti (w)**
dumm – **belîd; ʿawîr**
dunkel – **ghâmid**
dünn – **d̲aʿîf**
Durchfall – **ish̲âl**
dürfen – **yumkin (+ Verb)**
Durst – **ʿatish**

■ E

echt – **hagîgî**
Ehefrau – **zauja, -ât; mara, niswân**
Ehemann – **zauj, azwâj; râgil, rigâl**
Ehepaar – **zaujân**
Ei – **bêd̲a, bêd̲**
Eigentum – **mulk**
Eimer – **jerdal, jarâdil**
einander – **baʿd̲**
Einbruch – **sarga, -ât**
einfach – **sahil; basît̲**
Einfuhr – **istirâd, -ât**
Eingang – **duchûl**
einige – **baʿd̲u**
einladen – **daʿa, yadʿu; ʿazam, yaʿzum**
Einladung – **daʿwa, -ât; iʿzûma, -ât**
einmal – **marra**
einsteigen – **rakab, yarkab**
eintreten – **dachal, yadchul**
einverstanden – **muwâfag**
Einwohner – **sâkin, sukkân**
Eis (Speise-) – **aiskrîm**
Eisenbahn – **sikka (h̲adîd)**
Eiter – **midda**
Eltern – **wâlidên**
empfangen – **istagbal, yastagbal**
empfehlen – **nas̲ah̲, yans̲ah̲**
Ende – **nihâya, -ât**
eng – **d̲ayig**
England – **Ingliterra**
englisch – **inglîzîy**
Enkel(in) – **h̲afîd, -în; h̲afîda, -ât**
entscheiden – **qarrar, yuqarrir**
entschuldigen, sich – **iʿtazzar, yaʿtazzir**
er – **huwa**
Erde – **ard̲**
Ereignis – **h̲adas, h̲awâdis**
Erfolg – **najâh̲; taufîg**
erhalten – **istallam, yastallim**
erholen, sich – **irtâh̲, yartâh̲**
erinnern, sich – **zakkar, yuzakkir**
erkältet sein – **ʿindî nezla**
erklären – **sharah̲, yashrah̲**
erkundigen, sich – **saʿal ʿan, yasʿal ʿan**
erlauben – **samah̲, yasmah̲**
Erlaubnis – **tasrîh̲, -ât; izin**
Ermäßigung – **tachfîd̲, -ât**
Ersatzteil – **isbêr, -ât**
erzählen – **h̲aka, yah̲ki**
essen – **akal, yâkul**
Essen – **akl**

Etage – **ṯâbig, ṯawâbig**
etwa – **taqrîban**
etwas (ein wenig) – **shwayya; galîl**
euer/e – **ẖaggakum**

■ F

Fabrik – **maṣna˙, maṣâni˙**
Faden – **cheyṯ, chuyûṯ**
Fähre – **bantôn**
fahren – **sâg, yasûg; masha, yamshi**
Fahrkarte – **tazkira, tazâkir**
Fahrpreis – **ujra, ujûr**
Fahrrad – **˙ajjala, -ât**
Fahrzeug – **˙arabiya, -ât**
falsch – **ghalat**
Familie – **usra, -ât; ahl, -ât; ˙âila, -ât**
Familienname – **ism / asmâ al-˙âila**
Farbe – **lôn, alwân**
Farbfilm – **filim mulauwan, aflâm -wana**
faul (träge) – **kaslân**
faul (Obst) – **ka˙b**
Fehler – **ghalṯa, aghlâṯ; chaṯa, achṯâ**
Feier – **ẖafla, -ât; iẖtifâl, -ât**
feiern – **iẖtafal, yaẖtafil**
feilschen – **sâwam, yusâwim**
Feld (Acker) – **giṯa˙ / giṯa˙ât zirâ˙îya**
Fenster – **shubbâk, shabâbîk**
Ferien – **ijâza, -ât**
fern – **ba˙îd**
Fernsehgerät – **telfisyôn, -ât**
fertig – **jâhiz**
fest – **gauwî**
Fest – **ẖafla, -ât**
feucht – **leyinn**
Feuer – **nâr, neyrân**
Fieber – **ẖumma**
Film – **filim, aflâm**
finden – **lagia, yalga**
Finger – **aṣba˙, aṣâbi˙**
Fisch – **samak, asmâk**
Flasche – **gazâza, -ât**
Fleisch – **laẖma, luẖûm**
fleißig – **nashîṯ; mujtahid**
fliegen – **ṯâr, yaṯîr**
flirten – **shâghal, yushâghil**
Flughafen – **maṯâr, -ât**
Flugticket – **tazkira ṯayâra**
Flugzeug – **ṯayâra, -ât; ṯayrân**
Fluß – **nahr, anhâr; wâdi, audia**
Folklore – **folklôr**
Formular – **istimâra, -ât**
Frage – **su'âl, asliha**
fragen – **sa'al, yas'al**
Frankreich – **fransa**
Franzose – **fransâwî, -în**
Französin – **fransâwîya, -ât**
französisch – **fransâwî**
Frau – **mara, nisâ**
Fräulein – **ânisa, -ât**
frei – **ẖurr**
fremd – **gharîb**
freuen, sich – **faraẖ, yafraẖ**
Freund(in) – **ṣâẖib, aṣ'ẖâb; zamîl, zumalâ**
Freundin – **ṣâẖiba, -ât; zamîla, -ât**
freundlich – **ẕarîf**
Freundschaft – **ṣadâqa**
Frieden – **salâm**
frierend – **bardân**
frisch (Obst) – **tâzij**
fröhlich – **farẖân**
Frucht – **fâkiha, fawâkih**
früh – **badri**
Frühling – **rabî˙**
frühstücken – **faṯar, yafṯur**
fühlen, sich – **sha˙ar, yash˙ur**

Führung – **ziyâra munazzama**
für – **li**
fürchten, sich – **châf min, yachâf min**
Fuß – **rijl, arjul**

■ G

Gabel – **shôk, -ât**
ganz – **kâmil**
Garten – **jenêna, jenâ'in; hadîga, hadâ'ig**
Gas – **ghâz**
Gasse – **zugâg, zagâ'ig**
Gast – **dêf, duyûf**
Gastfreundschaft – **diyâfa**
Gastgeber(in) – **mudîf, -în; ,mudîfa, -ât**
Gaststätte, Restaurant – **matˈam, matâˈim**
Gebäck – **chabîz**
Gebäude – **mabna, mabâni**
geben – **adda, yaddi**
Gebirge – **jibâl**
Gebühr – **rusûm, -ât**
Geburtstag – **ˈîd mîlâd, ayâd mîlâd**
gefährlich – **chatîr**
gefallen – **aˈjab, yuˈjib –**
Gefäß – **maˈûn, mawâˈîn**
Gefühl – **shuˈûr (Mz)**
gegen – **did**
Gegend – **mantiqa, manâtig**
gegenüber – **mugâbil**
gehen – **masha, yamshi**
gelb – **asfar**
Geld – **gurûsh**
Gemüse – **chadâr, chadrawât**
gemütlich – **murîh**
genau – **bizabt**
genug – **kifâya**
Gepäck – **ˈafash (Mz)**
geradeaus – **(masha, yamshi) tawâli**
gern – **jiddan**
Geschäft (Tätigk.) – **tijâra; bizzniss**
Geschäft (Laden) – **dukkân, dakâkîn**
Geschenk – **hadîya, hadâya**
Geschichte (Hist.) – **tarîch**
Geschichte (Erzähl.) – **gissa, gisas**
Geschwister – **achwân**
Gesellschaft – **mujtamaˈ, -ât**
Gesetz – **qanûn, qawânîn**
Gespräch – **muhâdasa, -ât**
gestern – **umbârih**
gesund – **nasîh**
Gesundheit – **sahha**
Getränke – **sharibât**
Gewicht – **wazn, auzân**
Gewitter – **ˈâsifa, -ât**
gewöhnen – **taˈawwad, yataˈawwad**
Gewürz – **buhâr, -ât**
Gift – **simm, simâm**
Giftschlange – **hayya, -ât; suˈbân, saˈâbîn**
Glas (Trink-) – **kubâya, -ât**
Glas (Material) – **gazâz**
glauben – **saddag, yusaddig**
Glück – **saˈâda; hazz**
glücklich (sein) – **saˈîd; mabsût**
Gold – **dahab**
Gott – **Allah**
Gramm – **jrâm**
Grammatik – **qawâ'id**
Gras – **gash; hashîsh**
Gras (Viehfutter) – **bersîm**
gratulieren – **bârak, yubârik**
Grenze – **hudûd (Mz)**
Grippe – **influenza, -ât; nezla, -ât**
groß – **kebîr**
Größe (Kleidung u.ä.) – **magâs, -ât**
Großmutter – **habôba, -ât**
Großvater – **jidd, judûd**

Gruppe – **grûb, -ât; majmû'a, -ât**
grüßen – **sallam, yusallim**
grüßen, sich – **sallam / yusallim 'ala ba'd**
gültig – **sâlih**
gut – **kweys**

■ H

haben (bei) – **'ind**
Hafen – **mîna, mawâni**
Hälfte – **nuss**
halten – **wagaf, yagif**
Haltestelle – **maugif**
Handel – **tijâra**
hart – **gauwi**
Haus – **beyt, buyût**
Hausfrau – **rabbat menzil**
Hausherr – **sîd al-beyt**
heben – **rafa', yarfa'**
Heftpflaster – **lazga, -ât**
heiß – **suchun, hârr**
helfen – **sâ'id, yusâ'id**
hell (Farbe) – **fâtih**
Herbst – **charîf**
Herr – **sîd, sâda**
herzlich – **hârr**
heute – **al-leyla**
hier – **hina**
Hilfe – **musâ'ada**
hinter – **wara**
hoch – **'âli**
Hochzeit – **zawâj, -ât**
hoffen – **tamanna, yatamanna**
höflich – **muhazzab**
Holz – **chashab**
hören – **sami', yasma'**
Hotel – **funduq, fanâdiq; lakonda, -ât**
hungrig (sein) – **ja'ân**
Hygiene – **nadâfa**

■ I / J

ich – **ana**
ihr/e (Mz) – **haggahum**
ihr/e (Ez) – **haggâ**
Ihr/e – **haggakum**
immer – **tawâli**
impfen – **ta''am, yuta''im**
in (zeitl.) – **fî**
in (Ort) – **fî**
in (Richtung) – **ila**
Industrie – **sinâ'a, -ât**
Insekt – **hashara, -ât**
Insel – **jezîra, jazâ'ir**
interessant – **muhimm**
interessieren, s. – **ihtamma/yahtamma bi**
international – **dûwalî**
ja – **ay; aywa**
jagen – **sâd, yasîd**
Jahr – **sana, sinîn**
Jahreszeit – **fasl, fusûl**
jährlich – **sanawî**
jeder – **ayy zôl; ayy wâhid**
jedesmal – **kullu marra**
jemand – **zôl, fulân**
jetzt – **hassa**
Journalist – **sahafî, -yîn**
jung – **shâb**
Junge – **walad, wad, aulâd**

■ K

kalt – **bârid**
kaputt – **bayz; chasrân**
Karte – **bitâqa, -ât; kart, kurût**
Kasse – **chazna, -ât**
kaufen – **ishtara, yashtari**
kennen – **'araf, ya'rif**
Kind – **tifl, atfâl**
Kino – **sinema, -yât**

Kirche – **kanîsa, kanâ'is**
Kleidung – **hudûm; malâbis (Mz)**
klein (jung) – **saghîr**
klein (kurz) – **gasîr**
klug – **zaki**
kochen – **tabach, yatbuch**
Koffer – **shanta, shanat; haqîba, haqâ'ib**
kommen – **jâ, yajî**
kompliziert – **mu'aggad**
können – **gadar, yagdar**
Konsulat, Botschaft – **safâra, -ât**
kontrollieren – **râqab, yurâqib**
Konzert – **hafla / haflât musiqîya**
kosten (probieren) – **jarrab, yujarrib**
kosten (Preis) – **kallaf, yukallif**
kostenlos – **majâni; bil-lâsh**
krank – **'ayân**
Krankenhaus – **mustashfa, -yât; osbitâlya, -ât**
Krankheit – **marad, amrâd**
kühl – **bârid**
Kühlschrank – **talâja, -ât**
Kunst – **fann, funûn**
kurz – **gasîr**
küssen – **gabbal, yugabbil**

■ L

lächeln – **ibtasam, yabtasim**
lachen über etw. – **dahak / yadhak 'an**
Lage (geogr.) – **mauqi', mawâqi'**
Lager (Zelt-) – **madrab al-cheyâm**
Laken – **milâya, -ât**
Lampe – **lamba, -ât**
Land – **balad, buldân**
Landkarte – **charîta, charâ'it**
Landschaft – **manzar, manâzir**
Landschaft (Ausblick) – **tabî'a**
Landwirtschaft – **zirâ'a, -ât**
lang (Entfernung) – **ba'îd**
lang(e) (Zeit) – **tawîl**
langsam – **bi-râha; bati'**
langweilig – **mumill**
laufen, rennen – **jara, yajri**
laut – **(bi saut) 'âli**
leben – **'âsh, ya'îsh**
Leben – **hayâ**
Lebensmittel – **mawâd ghizâ'iya (Mz)**
ledig – **'azâbi**
leer – **fâdi**
legen – **chatt, yachutt**
lehren – **darras, yudarris**
Lehrer – **mudarris, -în; ustâz, asâtiza**
Lehrerin – **mudarrisa, -ât; ustâza, -ât**
leicht (nicht schwer) – **chafîf**
leicht (nicht schwierig) – **sâhil**
leihen, sich (von) – **istalaf / yastalif min**
lernen – **ta'allam, yata'allam**
lesen – **gara, yagra**
Leute – **nâs**
Licht – **nûr, anwâr**
lieben – **habb, yuhibb**
Lied – **ughnîya, ghunâ**
liegen – **ragad, yargud**
links – **shimâl**
Loch – **hufra, huffar**
Löffel – **ma'laga, -ât**
Lohn/Gehalt – **mahîya, -ât; murattab, -ât**
lügen – **kazzab, yukazzib**
lustig – **mudhik**

■ M

machen (tun) – **'amal, ya'mal**
Mädchen – **bitt, banât**
Mahlzeit – **wajba, -ât**
malen – **rasam, yarsum**
man – **al-wâhid**

Manager (Direktor) – **mudîr, -în**
manchmal – **marra-marra**
Mann – **râjil, rijâl**
Markt – **sûq, aswâq**
Medikament – **dauwa, adwîya**
Meer – **baẖr, buẖûr**
mehr – **aktar**
mein/e – **ẖaggî**
Menge, Quantität – **kammîya, -ât**
Mensch – **insân, nâs**
merken, sich – **zakkar, yuzakkir**
Messer – **sikkîn, sakâkîn**
mieten – **ajjar, yu'ajjir**
Minute – **dagîga, dagâ'ig**
Mist (von Tieren) – **zibâla**
mit – **ma'**
Mittag (Tageszeit) – **zuhr**
Mittag essen – **taghadda, yataghadda**
mitteilen – **chabar, yachbir**
Mode – **môḏa, -ât**
möglich – **mumkin**
Monat – **shahr, shuhûr**
morgen – **bukra**
Morgen – **ṣabâẖ**
Motor – **motôr, -ât**
Motorboot – **murkab bi motôr**
Motorrad – **motôr**
müde – **na'sân**
Müll, Abfall – **wisâcha**
Museum – **matẖaf, matâẖif**
Musik – **musîqa**
müssen – **lâzim ya'mal; wâgib**
Mutter – **umm, ummahât**

■ N

nach (räuml.) – **li**
nach (zeitl.) – **ba'd**
Nachmittag – **ba'da zuhr; 'aṣr**
Nachricht – **chabar, achbâr**
nächstes Mal – **marra tâniya; marra jâya**
Nacht – **leyl, layâli**
nackt – **'aryân**
Nadel – **ibra, ibar**
nah – **garîb**
Name – **ism, asmâ**
naß – **leyyin**
Nationalität – **jinsîya, -ât**
Natur – **ṭabî'a**
natürlich (n. künstl.) – **ṭabî'î**
neben – **jamb**
nehmen – **shâl, yashîl**
nein – **lâ**
neu – **jadîd**
neugierig – **fuḏûli**
nicht – **mâ**
nichts – **lâ shey**
niedrig (klein) – **gaṣîr**
niemals – **kullu kullu**
niemand – **lâ wâẖid**
nirgendwo – **mâ fî ayy makân**
nirgendwohin – **mâ illa ayy makân**
noch einmal – **marra tâniya**
noch – **lissa**
Norden – **shimâl**
normal – **'âdi**
notwendig – **ḏarûri**
Nummer – **nimra, nimir, -ât; ragm, argâm**
nur – **bass**
nutzen – **istafâd min, yastafîd min**

■ O

ob – **iza**
oben – **fôq**
Obst – **fawâkih (Mz)**
oder – **au**

öffnen – iftah, yaftah
oft – ghâliban; ketîr
ohne – bidûn
Öl – zêt
Onkel (väterlicherseits) – ʿamm
Onkel (mütterlicherseits) – châl
organisieren – nazzam, yunazzim
Ort – makân; mahall
Osten – sharg
Österreich – nimsa
Österreicher – nimsâwî, -yîn
Österreicherin – nimsâwîya, -ât

■ P / Q

paar, einige – baʿd
Paar – jôz, -ât
Päckchen – tard, turûd
Paket – tard, turûd
Palast – qasr, qusûr
Panne – hâdis, hawâdis
Papier – waraq, aurâq
Park – hadîqa, hadâ'iq
parken (Wagen) – garraj, yugarrij
Paß – jawâz, -ât
Patient(in), Kranke(r) – marîd,-în; -a,-ât
Pause – brêk
Person – shachs,ash'châs;nafar,anfâr;zôl
Pflanze – nabat, -ât
Photoapparat – kamara, -ât
Fotografie – taswîr, -ât
fotografieren – sauwar, yusauwir
Plan (Vorhaben) – mashrûʿ, mashârîʿ
Platz – maydân, mayâdîn
Platzkarte – tazkira / tazâkir mahjûza
plötzlich – faj'a
Politik – siyâsa
Polizei – bolîs
Post(amt) – busta
Postkarte – kart, kurût
Preis – siʿr, asʿâr
privat – châs
Problem – mushkila, mashâkil
Programm – barnâmij, barâmij
Prospekt – katalôj, -ât
pünktlich – fî-l-mauʿid
Qualität – nauʿîya, -ât

■ R

Radiogerät – râdiyo, -hât
Rat – nasîha, nasâ'ih
rauchen (Zig.) – dachchan, yudachchin; sharab, yashrab (trinken)
Raum (Zimmer) – ôda, ôwad
rechnen – hâsab, yuhâsib
Rechnung – hisâb, -ât; fatûra, -ât
Recht – haqq, huqûq
rechts – yamîn
reden – takallam, yatakallam
Regen – matar, amtâr
registrieren – sajjal, yusajjil
reich – ghanîy
reif – najîd
Reifen – listîk, lasâtik
Reise – safar, -ât
Reisebüro – wikâlat safar, wikâlât safar
reisen – sâfar, yusâfir
rennen – jara, yajri
reparieren – sallah, yusallih
reservieren – hajaz, yahjiz
Restaurant – matʿam, matâʿim
richtig – sahh
Richtung – ittijâh, -ât
roh – ney
Rückfahrt – ʿauda
Rucksack – shantat zahr, shanat zahr
rückständig – mutachallif

rufen – **sarah, yasrah; kârak, yakôrik**
Ruhe – **hudû**
ruhen – **irtâh, yartâh**

■ S

Sache – **hâya, -ât; shey, ashyâ**
sagen – **gâl, yagûl**
Salbe – **marham**
Salz – **milih**
sammeln – **jamaʿ, yajmaʿ**
Sand – **ramla, rimâl; turâb**
Sanddüne – **gôz, -ât**
satt – **shabʿân**
Satz (Grammatik) – **jumla, jumal**
sauber – **nazîf**
säubern – **nazzaf, yunazzif**
sauer – **hâmid; murr**
scharf – **hârr**
Scheck – **shekk, -ât**
Schere – **magâss, -ât**
schicken, senden – **arsal, yarsal**
schießen – **darab / yadrab bi rasâs**
Schiff – **bâchira, bawâchir**
Schirm (Regen-;Sonnen-) – **shamsîya, -ât**
schlafen – **nâm, yanûm**
Schlafzimmer – **ôdat / ôwad nôm, ghurfat / ghuraf nôm**
schlagen – **darab, yadrab**
schlecht – **kaʿb**
Schloß (Bau) – **qasr, qusûr**
Schlüssel – **muftâh, mafâtih**
schmackhaft – **hilu; lazîz**
Schmerz – **alam, âlâm; wajʿa, -ât**
schmerzen – **alam, yu'alim; wajʿa, yûjʿa**
Schmuck – **zîna, -ât; dahab**
schmutzig – **was'chân**
Schnaps – **ʿaragi; chamr**
schnell – **sarîʿ**
schön – **jamîl; hilu**
schreiben – **katab, yaktub**
schreiben, sich – **katab baʿd, yaktub baʿd**
Schuh – **jizma, jizam; hizâ, ahzîya**
Schuld – **zanb, zunûb**
schuldig – **ʿindu zanb**
Schule – **madrasa, madâris**
Schüler – **tâlib, tullâb**
Schülerin – **tâliba, -ât**
schwanger – **hâmil**
Schweiz – **swesra**
Schweizer – **swesrî, -yîn**
Schweizerin – **swesrîya, -ât**
Schwester – **uchut, achawât**
schwierig – **saʿb**
schwimmen – **ʿâm, yaʿûm**
Schwimmen – **sibâha**
schwitzen – **ʿarag, yaʿrig**
See, der – **buhaira, -ât**
See, die – **bahr, buhûr**
sehen, s. (treffen) – **tagâbil / yatagâbil baʿd**
sehen – **shâf, yashûf**
Sehenswürdigkeiten – **manâzir siyâhîya**
Seide – **harîr**
Seife – **sâbûn**
Seil – **habl, -ât**
sein – **kân, yakûn**
sein/e – **haggu, haggatû**
seit – **min**
Seite (Richtg.) – **jânib, jawânib; said, -ât**
Sekunde – **sâniya, sawâni**
selbst – **nafs**
selten – **nâdir**
setzen, sich – **jalas, yajlis**
sicher – **akîd**
sie (Ez) – **hîya**
sie (Mz) – **hum**

Sie – **intu**
Silber – **fidda**
singen – **ghanna, yughanni**
sitzen, passen (Kleid.) – **gadri**
sitzen – **ga'ad, yag'od**
so – **kidda**
sofort – **tawâli**
Sohn – **ibn, abnâ; walad, wad, aulâd**
sollen – **yajib an (+ Verb)**
Sommer – **sêf**
Sonne – **shams**
sparen – **iqtasad, yaqtasid**
spät – **muta'achir**
spazierengehen – **hâm, yahûm; tajawwal, yatajawwal**
Speise – **akl, -ât**
Speisekarte – **lista; qâ'ima at-ta'âm**
spielen – **la'ab, yal'ab**
Spielzeug – **li'ba, -ât**
Sport – **riyâda**
Sprache – **lugha, -ât**
sprechen – **takallam, yatakallam**
spritzen (Med.) – **'ada / y'adi huqna**
Staatsangehörigkeit – **jinsîya, -ât**
Stadt – **medîna, mudun**
stark – **gauwi**
stehen – **gâf, yagîf**
Stein – **hajjar, -ât, hijjâr)**
Stelle, Ort – **makân, amâkin; mahall, -ât**
stellen – **chatt, yachutt**
sterben – **mât, yamût**
Stil (Architekt .) – **nau', anwâ'**
Stimme – **sôt, aswât**
Stoff – **gummâsh, agmisha**
stören – **za'aj, yaz'aj**
Strafe – **'azâb, a'ziba**
Strand – **shâti, shawâti**
Straße – **shâri', shawâri'**
Straßenbahn – **trâm, -ât**
Streichhölzer – **kibrît**
streiten – **shâkal, yushâkil**
Stück – **git'a, -ât**
Student – **tâlib, tullâb**
Studentin – **tâliba, -ât**
Stunde – **sâ'a, -ât**
suchen – **fattash, yufattish**
Süden – **janûb**
Summe – **majmû', -ât;**
Summe (Geld) – **mablagh, mabâligh**
Suppe – **shorba, -ât**
süß – **hilu**

■ T

Tabak – **tabâgh**
Tablette – **habba, -ât**
Tag – **yôm, ayym**
täglich – **yômîyan**
Tal – **wâdi, audîya**
Tankstelle – **turumba, -ât**
Tante (väterlicherseits) – **'amma, -ât**
Tante (mütterlicherseits) – **châla, -ât**
tanzen – **ragas, yargus**
Tasche – **shanta, shanat**
Taxi – **tâks, takâsi**
Telefon – **telifûn, -ât**
telefonieren – **darab / yadrab telifûn**
Telegramm – **teleghrâm, -ât**
teuer (Preis) – **ghâli**
Theater – **masrah, -ât**
tief – **amîq**
Tier – **haywân, -ât**
Tochter – **bitt, banât**
Tod – **môt, amwât**
Toilette – **twalêt, -ât; adbachâna, -ât; dabbl-yû-sî** (für Touristen)
Toilettenpapier – **warag / aurâg twalêt**

tot – **meyt**
töten – **qatal, yaqtul**
Tradition – **'âdât; taqâlîd (Mz)**
tragen – **hamal, yahmil**
traurig – **hazîn**
treffen (begegnen) – **lâga, yulâgi**
Treppe – **sillim, salâlim**
trinken – **sharab, yashrab**
Trinkgeld – **bakshîsh**
trocken – **nashîf**
tschüß – **ma'a-s-salâma; bây-bây**
tun – **'amal, ya'mal**
Tür – **bâb, abwâb**
Turm – **burj, abrâj**

■ U
üben – **darrab, yudarrib**
über (zeitl.) – **aktar min**
über (örtl.) – **fôg**
überall – **fî ayy hitta; fî kull makân**
übermorgen – **ba'd bukra**
übersetzen (Sprache) – **tarjam, yutarjim**
Übersetzer – **mutarjim, -în**
Übersetzerin – **mutarjima, -ât**
Überweisung – **tahwîl, -ât**
übrig – **bâgi**
Uhr – **sâ'a, -ât**
um – **fî**
um zu ... – **'ashân**
Umgebung – **mantiqa, manâtiq**
umtauschen – **ghayyar, yughayyir**
Umweg – **tarîq / turuq ghayr mubâshir**
Umwelt – **bî'a**
unbekannt – **mâ ma'rûf**
und – **wa**
Unfall – **hâdis, hawâdis**
Universität – **jâmi'a, -ât**
unschuldig – **barri**
unser/e – **haggana, haggatna**
unten – **tihit**
unter – **tihit**
unterhalten (sich) – **tawannas ma*a ba*d, yatawannas ma'a ba'd**
Unterkunft – **mahall / mahallât sakan**
unterrichten (lehren) – **darras, yudarris**
unterschreiben – **mada, yamda**
Urlaub – **îjâza**

■ V
Valuta, Devisen – **'umla / 'umlât sa'ba**
Vater – **ab, abâ'**
verabreden – **'amal / ya'mal mau'id ma'a**
Verabredung – **mau'id, mawâ'îd**
verabschieden, sich – **wadda', yuwaddi'**
verboten sein – **mamnû'**
Verbrechen – **jarîma, jarâ'im**
verdienen – **rabah, yarbah; kasab,yaksab**
vergessen – **nasiya, yansa**
vergnügen, sich – **itfassah, yatfassah**
verirren, sich – **rawwah, yurawwih**
verkaufen – **bâ', yabî'**
verleihen an jdn. – **istalaf / yastalif bi zôl**
verletzt – **majrûh**
Verletzung – **jerih, -ât**
verlieben, sich – **habb, yuhibb**
verlieren (Dinge) – **dâ', yadî'**
vermieten – **ajjar, yu'ajjir**
Vermittlung (Telefon) – **taukîl, -ât**
Versicherung (Assekuranz) – **ta'mîn, -ât**
verspäten, sich – **ta'achchar, yata'achchar**
versprechen, sich – **ghalit, yaghlat; achta, yachti**
verstehen – **faham, yafham**

versuchen – **ḫâwal, yuḫâwil**
viel – **ketîr**
vielleicht – **rubbamâ**
Vogel – **ṯayra, ṯuyûr**
Volk – **shâ'b, shu'ûb**
voll – **malyân**
von (Ort) – **min**
vor – **gabl**
vorbereiten – **jâhaz, yujâhiz**
vorgestern – **auwal umbâriḫ**
vorher – **gabl**
Vormittag – **gabl ẕuhr**
vormittags – **gabl ẕuhr**
Vorname – **al-ism al-auwal**
vorschlagen – **igtaraḫ, yagtariḫ**
vorstellen (jmdn.) – **'arraf, yu'arrif**
vorstellen, sich – **'arraf, yu'arrif**
Vorwahlnummer – **muftâḫ, mafâtîḫ**

■ W

Wagen – **'arabîya, -ât**
wahr – **ḫagîgi**
während – **isnâ'a; beyna ma**
Wald – **ghâba, -ât**
Wand – **ḫêṯa, ḫawâ'iṯ**
wandern – **tajawwal / yatajawwal bi rujûl**
wann – **mitên**
Ware – **biḏâ'a, -ât, baḏâ'i'**
warm – **ḏâfi**
warten – **intaẕar, yantaẕir; istanna, yastanna**
warum – **lê**
was – **shinû**
waschen – **ghassal, yughassil**
Wasser – **môya**
Watte – **guttun**
wechseln – **ghayyar, yughayyir**
wecken – **ṣaḫḫa, yuṣaḫḫi**
Weg – **derb, durûb; ṯarîq, ṯuruq**
wegen – **'ashann**
weiblich – **mu'annas**
weil – **li'annu, 'ashann**
weinen – **baka, yabki**
weit – **ba'îd**
welche(r) – **yatô** (m), **yata** (w), **yatum** (Mz)
wenig – **shwaya; basîṯ**
wenn (als) – **lamman**
wenn (falls) – **iza**
wer – **minû**
werden – **biga, yabga**
wessen – **hagg (m)/haggat (w) minû**
Westen – **gharb**
Westsudanese – **gharbâwî**
Wetter – **jau**
wichtig – **muhimm**
wie – **kêf**
wieder – **tâni**
wiederholen – **a'âd, ya'îd**
wieviel – **kam**
Wind – **hawa**
Winter – **shita**
wir – **niḫna**
wissen – **a'lam, ya'lam**
wo – **wên**
Woche – **usbû', asâbî'**
woher – **min wên**
wohin – **li wên**
wohnen – **sakan, yaskun**
Wohnung – **shagga, shagag**
wollen – **'aiz, dair**
Wort – **kelima, -ât**
Wörterbuch – **qamûs, qawâmîs**
Wunde – **jeriḫ, -ât**
wünschen – **tamanna, yatamanna**

■ Z

zahlen – **dafa˙, yadfa˙**
Zahnarzt – **ṯabîb asnân, aṯibbâ asnân**
Zahnpasta – **ma˙yûn**
zeigen – **warra, yuwarri**
Zeit – **zaman, azmân; waqit, auqât**
Zeitung – **jerîda, jarâ'id**
Zentrum – **sentir; merkaz**
Zigarette – **sijâra, sajâ'ir**
Zimmer – **ôda, ôwad**
Zoll – **jamârik (Mz)**
zu Fuß – **kadâri; bil-kur˙ên**
zu – **li**
zufrieden – **mabsûṯ, farẖân**
Zug – **giṯar, -ât**
zurück – **li warra**
zusammen – **sawa**
zuviel – **ketîr shedîd**
zwischen – **beyn**

Sudanesisch - Deutsch

■ A

a˙âd, ya˙îd – wiederholen
a˙jab, yu˙jib – gefallen
a˙lam, ya˙lam – wissen
ab, abâ' – Vater
ach, ichwân – Bruder
achwân – Geschwister
adda, yaddi – geben
˙ada ẖuqna, y˙adi ẖuqna – spritzen (Med.)
˙âdât; taqâlîd (Mz) – Tradition
˙âdi – normal
˙afash (Mz) – Gepäck
aẖsan – besser
aiskrîm – Eis (Speise-)
˙aiz, dair – wollen
˙ajjala, -ât – Fahrrad
˙ajûz, ajâ'iz; ˙ajûza, -ât – Alte(r)
˙ajûz – alt (nicht jung)
ajjar, yu'ajjir – mieten
ajjar, yu'ajjir – vermieten
ajnabî, ajânib; ajnabîa, ât – Ausländer(in)
ajnabî – ausländisch
ajzachâna, -ât – Apotheke
akal, yâkul – essen
akîd – sicher
akl – Essen
akl, -ât – Speise
aktar – mehr
aktar min – über (zeitl.)
al-ism al-auwal – Vorname
al-leyla – heute
al-wâẖid – man
˙âlaj, yu˙âlij – behandeln (Krankh.)
alam, âlâm; waj˙a, -ât – Schmerz
alam, yu'alim; waj˙a, yûj˙a – schmerzen
˙âli – hoch
Allah – Gott
almânîy – deutsch
almânîy, -în; almânîya, -ât – Deutsche(r)
almânya – Deutschland
alquẖûl – Alkohol
˙âm, ya˙ûm – schwimmen
˙amal, ya˙mal – machen (tun)
˙amal, ya˙mal – tun
˙amal/ya˙mal mau˙id ma˙a – sich verabreden
˙âmil, ˙ummâl; ˙âmila, -ât – Arbeiter(in)
amîq – tief

ʿamm – Onkel (väterlicherseits)
ʿamma, -ât – Tante (väterlicherseits)
ana – ich
ânisa, -ât – Fräulein
ʿâqab, yuʿâqib – bestrafen
ʿarabiya, -ât – Fahrzeug
ʿarabîya, -ât – Auto
ʿarabîya, -ât – Wagen
ʿaraf, yaʿrif – kennen
ʿarag, yaʿrig – schwitzen
ʿaragi; chamr – Schnaps
arḏ – Erde
ʿarîḏ – breit
ʿarraf, yuʿarrif – bekanntmachen, sich
ʿarraf, yuʿarrif – vorstellen (jmdn.)
ʿarraf, yuʿarrif – vorstellen, sich
arsal, yarsal – schicken, senden
ʿaryân – nackt
aṣbaʿ, aṣâbiʿ – Finger
aṣfar – gelb
ʿâsh, yaʿîsh – leben
ʿasha – Abendessen
ʿashân – damit, um zu
ʿashân kidda – deshalb
ʿashân kidda – darum
ʿashân – um zu ...
ʿashann – dafür
ʿashann – wegen
ʿâsifa, -ât – Gewitter
ʿatish – Durstau – oder
ʿauda – Rückfahrt
aurâg (Mz) – Dokumente
auwal umbâriḫ – vorgestern
ay; aywa – ja
ʿayân – krank
ayy zôl; ayy wâḫid – jeder
ʿazâb, aʿziba – Strafe
ʿazâbi – ledig

■ B

bâʿ, yabîʿ – verkaufen
baʿḏ – einander
baʿd – nach (zeitl.)
baʿḏ – paar, einige
baʿd bukra – übermorgen
baʿda zuhr; ʿaṣr – Nachmittag
baʿdâk – danach
baʿḏu – einige
baʿîd – lang (Entfernung)
baʿîd – fern
baʿîd – weit
bâb, abwâb – Tür
bâchira, bawâchir – Schiff
bada, yabda – anfangen
badri – früh
bâgi – übrig
baḫr, buḫûr – Meer
baḫr, buḫûr – See, die
baka, yabki – weinen
bakshîsh – Trinkgeld
balad, buldân – Land
bana, yabni – bauen
bank, bunûk – Bank (Geld)
bantôn – Fähre
banzîn – Benzin
bârak, yubârik – gratulieren
barauw – allein
bardân – frierend
bardo – auch
bârid – kühl
bârid – kalt
barnâmij, barâmij – Programm
barri – unschuldig
bâṣ, -ât – Bus
bass – nur
baṯânîya, baṯâṯîn – Decke (Bett)
batârîya, -ât – Batterie

bayz; chasrân – kaputt
bêda, bêd – Ei
belîd; ˈawîr – dumm
bersîm – Gras (Viehfutter)
beyn – zwischen
beyt, buyût – Haus
bî'a – Umwelt
bi-râha; batîˈ – langsam
bidâˈa, -ât, badâ'iˈ – Ware
bidûn – ohne
biga, yabga – werden
bira – Bier
bitâqa, -ât; kart, kurût – Karte
bitt, banât – Mädchen
bitt, banât – Tochter
bizabt – genau
(bi saut) ˈâli – laut
bolîs – Polizei
brêk – Pause
buhaira, -ât – See, der
buhâr, -ât – Gewürz
bukra – morgen
burj, abrâj – Turm
busta – Post(amt)

■ C

chabar, achbâr – Nachricht
chabar, yachbir – mitteilen
chabar, yachbir – benachrichtigen
chabîz – Gebäck
chadâr, chadrawât – Gemüse
châf / yachâf min – fürchten, sich (vor)
chafîf – leicht (nicht schwer)
châl – Onkel (mütterlicherseits)
châla, -ât – Tante (mütterlicherseits)
charîf – Herbst
chârij – Ausland
charîta, charâ'it – Landkarte
châs – privat
chashab – Holz
chatîr – gefährlich
chatt, yachutt – legen
chatt, yachutt – stellen
chawâja, -âjât; -âjîya,-âjîyât – Europäer(in)
chazna, -ât – Kasse
cheyt, chuyût – Faden
chôf – Angst
churûj – Ausreise
churûj – Ausgang

■ D / E

da – dies
dâˈ, yadîˈ – verlieren (Dinge)
daˈa, yadˈu; ˈazam, yaˈzum – einladen
daˈîf – dünn
daˈwa, -ât; iˈzûma, -ât – Einladung
dachal, yadchul – eintreten
dachchan, yudachchin; sharab, yashrab – rauchen, trinken
dafaˈ, yadfaˈ – bezahlen
dafaˈ, yadfaˈ – zahlen
dâfi – warm
dagîga, dagâ'ig – Minute
dahab – Gold
dahak / yadhak ˈan – lachen, über etwas
darab, yadrab – schlagen
darab / yadrab bi rasâs – schießen
darab / yadrab telifûn – telefonieren
darrab, yudarrib – üben
darras, yudarris – lehren
darras, yudarris – unterrichten (lehren)
darûri – notwendig
darûrî – dringend
dauwa, adwîya – Medikament

dayig – eng
dêf, duyûf – Gast
derb, durûb; tarîq, turuq – Weg
di – diese(r,s)
did – gegen
disko – Diskothek
diyâfa – Gastfreundschaft
doktôr, dakâtira – Arzt
duchûl – Eingang
dukkân, dakâkîn – Geschäft (Laden)
dûwalî – international
˙êsh – Brot

■ F

fâdi – leer
faham, yafham – verstehen
faj'a – plötzlich
fâkiha, fawâkih – Frucht
fakkar, yufakkir – denken
fann, funûn – Kunst
faqîr (materiell); miskîn – arm
farah, yafrah – freuen, sich
farhân – fröhlich
fasl, fusûl – Jahreszeit
fatar, yaftur – frühstücken
fâtih – hell (Farbe)
fattash, yufattish – suchen
fawâkih (Mz) – Obst
fî – in (Ort und Zeit)
fî ayy hitta; fî kull makân – überall
fî – um
fi-l-mau˙id – pünktlich
fidda – Silber
filim, aflâm – Film
filim / aflâm mulauwana – Farbfilm
fôg – über (örtl.)
folklôr – Folklore
fôq – auf
fôq – oben
fransa – Frankreich
fransâwî – französisch
fransâwî, -în – Franzose
fransâwîya, -ât – Französin
fudûli – neugierig
funduq, fanâdiq; lakonda, -ât – Hotel

■ G

ga˙ad, yag˙od – bleiben
ga˙ad, yag˙od – sitzen
gabbal, yugabbil – küssen
gabl – bevor
gabl – vorher
gabl – vor
gabl zuhr – Vormittag
gabl zuhr – vormittags
gadar, yagdar – können
gadîm – alt (nicht neu)
gadri – sitzen, passen (Kleid.)
gâf, yagîf – stehen
gâl, yagûl – sagen
galam rasâs, aglâm rasâs – Bleistift
gâm, yagûm – abfliegen
gâm, yagûm – aufstehen
gâm, yagûm – abfahren
gara, yagra – lesen
garîb – nah
garîban – bald
garraj, yugarrij – parken (Wagen)
gash; hashîsh – Gras
gasîr – kurz
gasîr – klein (kurz)
gasîr – niedrig (klein)
gauwi – hart
gauwi – stark
gauwî – fest
gazâz – Glas (Material)

gazâza, -ât – Flasche
ghâba, -ât – Wald
ghalat – falsch
ghâli – teuer (Preis)
ghâliban; ketîr – oft
ghalit, yaghlat; achta, yachti – versprechen, sich
ghalta, aghlât; chata, achtâ – Fehler
ghâmid – dunkel
ghanîy – reich
ghanna, yughanni – singen
gharb – Westen
gharbâwî – Westsudnaese
gharîb – fremd
ghash, yaghush – betrügen
ghassal, yughassil – waschen
ghayyar, yughayyir – umtauschen
ghayyar, yughayyir – wechseln
ghâz – Gas
gism, agsâm – Abteil
gissa, gisas – Geschichte (Erzähl.)
git'a, -ât – Stück
gita' / gita*ât zirâ'îya – Feld (Acker)
gitar, -ât – Zug
gôz, -ât – Sanddüne
grûb, -ât; majmû'a, -ât – Gruppe
gummâsh, agmisha – Stoff
gurûsh – Geld
guttun – Watte

■ H

habb, yuhibb – lieben
habb, yuhibb – verlieben, sich
habba, -ât – Tablette
habl, -ât – Seil
habôba, -ât – Großmutter
hadas, hawâdis – Ereignis
hadîqa, hadâ'iq – Park
hâdis, hawâdis – Panne
hâdis, hawâdis – Unfall
hadîya, hadâya – Geschenk
hafîd, -în; hafîda, -ât – Enkel(in)
hafla, -ât; ihtifâl, -ât – Feier
hafla musiqîya, haflât musiqîya – Konzert
hafla, -ât – Fest
hagg (m) / haggat (w) minû – wessen
haggâ – ihr/e (Ez)
haggahum – ihr/e (Mz)
haggak, haggik – dein/e
haggakum – Ihr/e
haggakum – euer/e
haggana, haggatna – unser/e
haggî – mein/e
haggu, haggatû – sein/e
hagîgi – wahr
hagîgî – echt
hâja, -ât – Ding
hajaz, yahjiz – buchen
hajaz, yahjiz – reservieren
hajjar, -ât, hijjâr) – Stein
haka, yahki – erzählen
hâm, yahûm; tajawwal, yatajawwal – spazierengehen
hamal, yahmil – tragen
hâmid; murr – sauer
hâmil – schwanger
hammâm, ât – Badezimmer
haqq, huqûq – Recht
harf, hurûf – Buchstabe
harîga, harâ'ig – Brand
harîr – Seide
hârr – herzlich
hârr – scharf
harrag, yuharrig – brennen
hâsab, yuhâsib – rechnen
hashara, -ât – Insekt

hassa – jetzt
hatta – bis
hawa – Wind
hâwal, yuhâwil – versuchen
hayâ – Leben
hâya, -ât; shey, ashyâ – Sache
haywân, -ât – Tier
hayya, -ât; suˈbân, saˈâbîn – Giftschlange
hazîn – traurig
hêta, hawâ'it – Wand
hifâz al-haid, guttun – Binde (Damen-)
hilla, hilal; qarya, qura – Dorf
hilu – süß
hilu; lazîz – schmackhaft
hina – hier
hinâk – da
hinâk – dort
hisâb, -ât; fatûra, -ât – Rechnung
hîya – sie (Ez)
hudû – Ruhe
hudûd (Mz) – Grenze
hudûm; malâbis (Mz) – Kleidung
hufra, huffar – Loch
hum – sie (Mz)
humma – Fieber
hurr – frei
huwa – er

■ I

iˈtazzar, yaˈtazzir – entschuldigen, sich
ibn, abnâ; walad, wad, aulâd – Sohn
ibra, ibar – Nadel
ibtasam, yabtasim – lächeln
idâra, -ât – Behörde
ˈîd mîlâd, ayâd mîlâd – Geburtstag
iftah, yaftah – öffnen
igtarah, yagtarih – vorschlagen
ihtafal, yahtafil – feiern
ihtâj, yahtâj – brauchen
ihtamma / yahtamma bi – interessieren, s.
ijâza, -ât – Ferien
îjâza – Urlaub
ila – in (Richtung)
ˈind – haben (bei)
ˈind – bei
ˈindî nezla – erkältet sein
ˈindu zanb – schuldig
influenza, -ât; nezla, -ât – Grippe
Ingliterra – England
inglîzîy – englisch
innu – daß
insân, nâs – Mensch
inta (m), inti (w) – du
intaha, yantahi – beenden, abschließen
intazar, yantazir; istanna, yastanna – warten
intu – Sie
iqâma, -ât – Aufenthalt
iqtasad, yaqtasid – sparen
irtâh, yartâh – erholen, sich
irtâh, yartâh – ruhen
isbât – Beweis
isbêr, -ât – Ersatzteil
ishâl – Durchfall
ishtaghal, yashtaghil – arbeiten
ishtara, yashtari – kaufen
ism, asmâ – Name
ism / asmâ al-ˈâila – Familienname
isnâ'a; beyna ma – während
istaˈjal, yastaˈjal – beeilen, sich
istafâd min, yastafîd min – nutzen
istagbal, yastagbal – empfangen
istagbal, yastagbal – begrüßen
istahamma, yastahamma – baden
istalaf / yastalif min – leihen, sich (von)

istalaf / yastalif bi zôl – verleihen an jd.
istallam, yastallim – erhalten
isti'lâm, -ât – Auskunft
istimâra, -ât – Formular
istirâd, -ât – Einfuhr
itfassah, yatfassah – vergnügen, sich
ittijâh, -ât – Richtung
iza – wenn (falls)
iza – ob

■ J

jâ, yajî – kommen
ja'ân – hungrig (sein)
jâb, yajîb – bringen
jadîd – neu
jâhaz, yujâhiz – vorbereiten
jâhiz – fertig
jalas, yajlis – setzen, sich
jama', yajma' – sammeln
jamârik (Mz) – Zoll
jamb – neben
jâmi'a, -ât – Universität
jamîl; hilu – schön
jânib, jawânib; said, -ât – Seite (Richtg.)
janûb – Süden
jara, yajri – laufen, rennen
jara, yajri – rennen
jarîma, jarâ'im – Verbrechen
jarr, yajurr – abschleppen
jarrab, yujarrib – kosten (probieren)
jau – Wetter
jawâb, jawâbât – Antwort
jawâb, -ât; chitâb, -ât – Brief
jawâz, ât – Ausweis
jawâz, -ât – Paß
jebel, jibâl – Berg
jenêna, jenâ'in; hadîga, hadâ'ig – Garten
jerdal, jarâdil – Eimer
jerîda, jarâ'id – Zeitung
jerih, -ât – Wunde
jerih, -ât – Verletzung
jezîra, jazâ'ir – Insel
jibâl – Gebirge
jidd, judûd – Großvater
jiddan – gern
jinsîya, -ât – Nationalität
jinsîya, -ât – Staatsangehörigkeit
jizma, jizam; hizâ, ahzîya – Schuh
jôz, -ât – Paar
jrâm – Gramm
jumla, jumal – Satz (Grammatik)

■ K

ka – als (Beding.)
ka'b – faul (Obst)
ka'b – schlecht
kadâri; bil-kur'ên – zu Fuß
kallaf, yukallif – kosten (Preis)
kam – wieviel
kamara, -ât – Photoapparat
kâmil – ganz
kammîya, -ât – Menge, Quantität
kân, yakûn – sein
kanaba, -ât – Bank
kanîsa, kanâ'is – Kirche
kart, kurût – Postkarte
kâsh – Bargeld
kaslân – faul (träge)
katab / yaktub ba'd – schreiben, sich
katab, yaktub – schreiben
katalôj, -ât – Prospekt
kazzab, yukazzib – lügen
kebîr – groß
kêf – wie
kelima, -ât – Wort
ketîr – viel

ketîr shedîd – zuviel
kibrît – Streichhölzer
kidda – so
kifâya – genug
kitâb, kutub – Buch
kubâya, -ât – Glas (Trink-)
kubri, kabâri – Brücke
kullu kullu – niemals
kullu marra – jedesmal
kulu – alles
kweys – gut

■ L

lâ wâhid – niemand
lâ shey – nichts
lâ – nein
laˈab, yalˈab – spielen
lâga, yulâgi – treffen (begegnen)
lagia, yalga – finden
lahja, -ât – Dialekt
lahma, luhûm – Fleisch
lâkin – aber
lamba, -ât – Lampe
lamma – als (zeitl.)
lamman – wenn (als)
lazga, -ât – Heftpflaster
lâzim yaˈmal; wâgib – müssen
lê – warum
lebenîy – blau
leyinn – feucht
leyl, layâli – Nacht
leyyin – naß
li hinâk – dorthin
li – für
li – nach (räuml.)
li wên – wohin
li warra – zurück
li – zu
li'annu, ˈashann – weil
liˈba, -ât – Spielzeug
lissa – noch
lista; qâ'ima at-taˈâm – Speisekarte
listîk, lasâtik – Reifen
lizâlik; – dafür
lôn, alwân – Farbe
lugha, -ât – Sprache

■ M

mâ – nicht
mâ fî ayy makân – nirgendwo
nirgendwohin – mâ illa ayy makân
mâ maˈrûf – unbekannt
maˈ – mit
maˈa-s-salâma; bây-bây – tschüß
maˈlaga, -ât – Löffel
maˈrad, maˈârid – Ausstellung
maˈûn, mawâˈîn – Gefäß
maˈyûn – Zahnpasta
mablagh, mabâligh – Summe (Geld)
mabna, mabâni – Gebäude
mabsût, farhân – zufrieden
mada, yamda – unterschreiben
madd, yamudd – dauern
madrab al-cheyâm – Lager (Zelt-)
madrasa, madâris – Schule
magâs, -ât – Größe (Kleidung u.ä.)
magâss, -ât – Schere
mahall / mahallât sakan – Unterkunft
mahatta, ât – Bahnhof
mahîya / murattab, -ât – Lohn, Gehalt
majâni; bil-lâsh – kostenlos
majmûˈ, -ât; – Summe
majrûh – verletzt
makân, amâkin; mahall, -ât – Stelle, Ort
makân; mahall – Ort
maktab, makâtib – Büro

malyân – voll
mamnûʿ – verboten sein
manâzir siyâhîya – Sehenswürdigkeiten
mantiqa, manâtig – Gegend
mantiqa, manâtiq – Umgebung
manzar, manâzir – Landschaft
mara, nisâ – Frau
marad, amrâd – Krankheit
marham – Salbe
marîd, -în;, marîda, -ât – Patient(in), Kranke(r)
marîssa – Bier (sudan.)
marra – einmal
marra tâniya – noch einmal
marra tâniya; marra jâya – nächstes Mal
marra-marra – manchmal
masa, amsîya – Abend
masal, amsâl – Beispiel
masha maʿ, yamshi maʿ – begleiten
masha, yamshi – gehen
(masha, yamshi) tawâli – geradeaus
mashhûr – berühmt
mashrûʿ, masharîʿ – Plan (Vorhaben)
masnaʿ, masâniʿ – Fabrik
masrah, -ât – Theater
mât, yamût – sterben
matʿam, matâʿim – Gaststätte, Restaurant
matʿam, matâʿim – Restaurant
matar, amtâr – Regen
matâr, -ât – Flughafen
mathaf, matâhif – Museum
mauʿid, mawâʿîd – Verabredung
maugif – Haltestelle
mauqiʿ, mawâqiʿ – Lage (geogr.)
mawâd ghizâ'îya (Mz) – Lebensmittel
maydân, mayâdîn – Platz
mayô – Badeanzug
mayô – Badehose
medîna, mudun – Stadt
meyt – tot
midda – Eiter
milâya, -ât – Bettzeug (Laken)
milâya, -ât – Laken
milih – Salz
min – aus, als (Vgl.), seit, von (Ort)
min wên – woher
mîna, mawâni – Hafen
minû – wer
mitên – wann
môda, -ât – Mode
môt, amwât – Tod
motôr – Motorrad
motôr, -ât – Motor
môya – Wasser
mu'annas – weiblich
muʿaggad – kompliziert
muchadda, -ât – Bettzeug (Kissen)
mudarris, -în; ustâz, asâtiza – Lehrer
mudarrisa, -ât; ustâza, -ât – Lehrerin
mudhik – lustig
mudîf, -în; ,mudîfa, -ât – Gastgeber(in)
mudîr, -în – Chef
mudîr, -în – Manager (Direktor)
muftâh, mafâtîh – Vorwahlnr., Schlüssel
mugâbil – gegenüber
muhâdasa, -ât – Gespräch
muhazzab – höflich
muhimm – interessant
muhimm – wichtig
mujtamaʿ, -ât – Gesellschaft
mulauwan – bunt
mulk – Eigentum
mumill – langweilig
mumkin – möglich
mumtâz, tamâm – ausgezeichnet
munâqasha; talaffuz – Aussprache

murîh – gemütlich
murkab bi motôr – Motorboot
murkab, marâkib – Boot
musâ'ada – Hilfe
mushkila, mashâkil – Problem
musîqa – Musik
mustashfa, -yât; osbitâlya, -ât – Krankenhaus
muta'achir – spät
mutachallif – rückständig
mutarjim, -în – Dolmetscher
mutarjim, -în – Übersetzer
mutarjima, -ât – Übersetzerin
muwâfag – einverstanden
muwâtin, -în; ,muwâtina, -ât – Bürger(in) (Staats-)
muwazzaf, -în; muwazzafa, -ât – Angestellte(r)
muzâri', -în; muzâri'a, -ât – Bauer (-in)

■ N

na'sân – müde
nabat, -ât – Pflanze
nabbaz, yunabbiz – beleidigen
nadâfa – Hygiene
nâdir – selten
nafs – selbst
nahr, anhâr; wâdi, audia – Fluß
najâh; taufîg – Erfolg
najîd – reif
nâm, yanûm – schlafen
nâr, neyrân – Feuer
nâs – Leute
nasah, yansah – empfehlen
nashîf – trocken
nashît; mujtahid – fleißig
nasîh – gesund
nasîha, nasâ'ih – Rat
nasiya, yansa – vergessen
nau', anwâ' – Stil (Architektur)
nau'îya, -ât – Qualität
nazal, yanzil – aussteigen
nazâra, -ât – Brille
nazîf – sauber
nazzaf, yunazzif – säubern
nazzam, yunazzim – organisieren
ney – roh
nihâya, -ât – Ende
nihna – wir
nimra, nimir,-ât; ragm,argâm – Nummer
nimsa – Österreich
nimsâwî, -yîn – Österreicher
nimsâwîya, -ât – Österreicherin
nûr, anwâr – Licht
nuss – Hälfte

■ O

ôda, ôwad – Zimmer
ôda, ôwad – Raum (Zimmer)
ôdat / ôwad nôm, ghurfat / ghuraf nôm – Schlafzimmer

■ Q

qala', -ât – Burg
qamûs, qawâmîs – Wörterbuch
qanûn, qawânîn – Gesetz
qarrar, yuqarrir – entscheiden
qasr, qusûr – Schloß (Bau)
qasr, qusûr – Palast
qatal, yaqtul – töten
qawâ'id – Grammatik

■ R

rabah, yarbah; kasab, yaksab – verdienen
rabbat menzil – Hausfrau

rabîʿ – Frühling
rachis – billig
radd, yarudd – antworten
râdiyo, -hât – Radiogerät
rafaʿ, yarfaʿ – heben
ragad, yargud – liegen
ragas, yargus – tanzen
râjil, rijâl – Mann
rakab, yarkab – einsteigen
ramla, rimâl; turâb – Sand
râqab, yurâqib – kontrollieren
rasam, yarsum – malen
rasîf – Bahnsteig
rawwah, yurawwih – verirren, sich
rijl, arjul – Fuß
riyâda – Sport
rubbamâ – vielleicht
rusûm, -ât – Gebühr

■ S

sa'al, yas'al – fragen
sâʿa, -ât – Uhr
sâʿa, -ât – Stunde
saʿâda; hazz – Glück
saʿal ʿan, yasʿal ʿan – erkundigen, sich
saʿb – schwierig
sâʿid, yusâʿid – helfen
saʿîd; mabsût – glücklich (sein)
sabâh – Morgen
sâbûn – Seife
sâd, yasîd – jagen
sadâqa – Freundschaft
saddag, yusaddig – glauben
sadr – Brust(korb)
safaga, -ât – Blatt (Baum)
safar, -ât – Reise
sâfar, yusâfir – abreisen
sâfar, yusâfir – reisen
safâra, -ât – Konsulat, Botschaft
safâra, -ât – Botschaft (dipl.)
sâg, yasûg; masha, yamshi – fahren
sagf, sugûf – Dach
saghîr – klein (jung)
saha, yasha – aufwachen
sahafî, -yîn – Journalist
sahh – richtig
sahha – Gesundheit
sahha, yusahhi – wecken
sâhib, as'hâb – Besitzer
sâhib, as'hâb; zamîl, zumalâ – Freund(in)
sâhiba, -ât; zamîla, -ât – Freundin
sâhil – leicht (nicht schwierig)
sahil; basît – einfach
sajjal, yusajjil – anmelden
sajjal, yusajjil – registrieren
sakan, yaskun – wohnen
sâkin, sukkân – Einwohner
sakrân – betrunken
salâm – Frieden
sâlih – gültig
sallah, yusallih – reparieren
sallam, yusallim – grüßen, abgeben
sallam / yusallim ʿala baʿd – grüßen, sich
samah, yasmah – erlauben
samak, asmâk – Fisch
samiʿ, yasmaʿ – hören
samîn; tachîn – dick
sana, sinîn – Jahr
sanawî – jährlich
sâniya, sawâni – Sekunde
sarah, yasrah; kârak, yakôrik – rufen
sarga, -ât – Diebstahl
sarga, -ât – Einbruch
sarîʿ – schnell
sarîr, sarâyir – Bett

ṣauwar, yuṣauwir – fotografieren
sawa – zusammen
sawâg, -în – Chauffeur
sâwam, yusâwim – feilschen
ṣêf – Sommer
sentir; merkaz – Zentrum
sha'ar, yash'ur – fühlen, sich
shâ'b, shu'ûb – Volk
shâb – jung
shab'ân – satt
shachṣ, ash'châṣ; nafar, anfâr; zôl – Person
shâf, yashûf – sehen
shagga, shagag – Wohnung
shâghal, yushâghil – flirten
shahr, shuhûr – Monat
shajara, shajjar – Baum
shaka, yashku – beschweren, sich
shâkal, yushâkil – streiten
shakar, yashkur – danken
shâl, yashîl – nehmen
shams – Sonne
shamsîya, -ât – Schirm (Regen-; Sonnen-)
shanṭa, shanaṭ; ḫaqîba, ḫaqâ'ib – Koffer
shanṭa, shanaṭ – Tasche
shanṭat ẓahr, shanaṭ ẓahr – Rucksack
sharab, yashrab – trinken
sharaḫ, yashraḫ – erklären
sharg – Osten
shâri', shawâri' – Straße
sharibât – Getränke
shâṭi, shawâṭi – Strand
shatûr – Brust (weibl. Busen)
shekk, -ât – Scheck
shimâl – Norden
shimâl – links
shinû – was
shita – Winter
shôk, -ât – Gabel
shorba, -ât – Suppe
shu'ûr (Mz) – Gefühl
shubbâk, shabâbîk – Fenster
shukran – danke
shwaya; basîṭ – wenig
shwayya – bißchen
shwayya; galîl – etwas (ein wenig)
si'r, as'âr – Preis
sibâḫa – Schwimmen
sîd al-beyt – Hausherr
sîd, sâda – Herr
sijâra, sajâ'ir – Zigarette
sikka (ḫadîd) – Eisenbahn
sikkîn, sakâkîn – Messer
sillim, salâlim – Treppe
simm, simâm – Gift
ṣinâ'a, -ât – Industrie
sinema, -yât – Kino
siyâsa – Politik
ṣôt, aṣwât – Stimme
su'âl, asliha – Frage
suchun, ḫârr – heiß
summa – dann
sûq, aswâq – Markt
ṣûra, ṣûwar – Bild
swesra – Schweiz
swesrî, -yîn – Schweizer
swesrîya, -ât – Schweizerin

■ T

ta'achchar, yata'achchar – verspäten, sich
ta'mîn, -ât – Versicherung (Assekuranz)
ṭa''am, yuṭa''im – impfen
ta'allam, yata'allam – lernen
ta'awwad, yata'awwad – gewöhnen
ṭabach, yaṭbuch – kochen

tabâgh – Tabak
tâbi', tawâbi' – Briefmarke(n)
tabî'a – Natur
tabî'a – Landschaft (Ausblick)
tabî'î – natürlich (n. künstl.)
tabîb asnân, atibbâ asnân – Zahnarzt
tâbig, tawâbig – Etage
tachfîd, -ât – Ermäßigung
tagâbal, yatagâbal – begegnen,sich
tagâbil / yatagâbil ba'd – sehen, s. treffen
taghadda, yataghadda – Mittag essen
tahwîl, -ât – Überweisung
tajawwal / yatajawwal bi rujûl – wandern
takallam, yatakallam – reden
takallam, yatakallam – sprechen
tâks, takâsi – Taxi
tala', yatla' – ausziehen
talab, yatlub – bestellen
talab, -ât – Bitte
talab, -ât – Bestellung
talab, yatlub; arja, yarju – bitten
talâja, -ât – Kühlschrank
tâlib, tullâb – Student, Schüler
tâliba, -ât – Studentin, Schülerin
tamanna, yatamanna – hoffen, wünschen
tamm, yatimm – beenden, vollenden
tâni – wieder
taqâlîd; 'âdât – Brauch
taqrîban – etwa
târ, yatîr – fliegen
tard, turûd – Paket, Päckchen
tarîch – Datum, Geschichte (Hist.)
tarîq / turuq ghayr mubâshir – Umweg
tarjam, yutarjim – übersetzen (Sprache)
tasdîr, -ât – Ausfuhr
tasrîh, -ât; izin – Erlaubnis
taswîr, -ât – Fotografie
taukîl, -ât – Vermittlung (Telefon)
tawâli – immer
tawâli – geradeaus, sofort
tawannas / yatawannas ma'a ba'd – unterhalten (sich)
tawîl – lang(e) (Zeit)
tayâra, -ât; tayrân – Flugzeug
tayra, tuyûr – Vogel
tâzij – frisch (Obst)
tazkira, tazâkir – Fahrkarte
tazkira tayâra – Flugticket
tazkira / tazâkir mahjûza – Platzkarte
teleghrâm, -ât – Telegramm
telfisyôn, -ât – Fernsehgerät
telifûn, -ât – Telefon
tifl, atfâl – Kind
tihit – unter
tihit – unten
tijâra – Handel
tijâra; bizzniss – Geschäft (Tätigk.)
timsâl, tamâsil – Denkmal
trâm, -ât – Straßenbahn
turumba, -ât – Tankstelle
twalêt, -ât; adbachâna, -ât; dabbl-yû-sî – Toilette

■ U / W

uchut, achawât – Schwester
ughnîya, ghunâ – Lied
ujra, ujûr – Fahrpreis
umbârih – gestern
'umla / 'umlât sa'ba – Valuta, Devisen
'umr, umûr – Alter (Lebens-)
'unwân, 'anâwîn – Adresse
umm, ummahât – Mutter
usbû', asâbi' – Woche
usra, -ât; ahl, -ât; 'âila, -ât – Familie
wa – und
wadda', yuwaddi' – verabschieden, sich

wâdi, audîya – Tal
wagaf, yagif – aufhören
wagaf, yagif – anhalten
wagaf, yagif – halten
wajba, -ât – Mahlzeit
walad, wad, aulâd – Junge
wâlidên – Eltern
wara – hinter
warâ – dahinter
warag / aurâg twalêt – Toilettenpapier
waraq, aurâq – Papier
waraqa, waraq – Blatt
warra, yuwarri – zeigen
warsha, warash – Autowerkstatt
was'chân – schmutzig
wasach – Dreck (Schmutz)
wa<u>s</u>al, ya<u>s</u>il – ankommen
wazîfa, wazâ'if – Beruf
wazn, auzân – Gewicht
wên – wo
wikâlat safar, wikâlât safar – Reisebüro
wisâcha – Müll, Abfall
wu<u>s</u>ûl – Ankunft

■ Y / Z

yajib an (+ Verb) – sollen
yamîn – rechts
yatô (m), -ta (w), -tum (Mz) – welche(r)
yôm, ayym – Tag
yômîyan – täglich
yumkin (+ Verb) – dürfen
za'aj, yaz'aj – stören
zahra, zihûr; warda, wurûd – Blume
zaki – klug
zakkar, yuzakkir – merken, sich
zakkar, yuzakkir – erinnern, sich
zaman, azmân; waqit, auqât – Zeit
zanb, zunûb – Schuld
zâr, yazûr – besuchen
zâr, yazûr – besichtigen
<u>z</u>arf, <u>z</u>urûf – Briefumschlag
<u>z</u>arîf – freundlich
zauj, azwâj; râgil, rigâl – Ehemann
zauja, -ât; mara, niswân – Ehefrau
zaujân – Ehepaar
zawâj, -ât – Hochzeit
zêt – Öl
zibâla – Mist (von Tieren)
zikra, yât – Andenken
zîna, -ât; dahab – Schmuck
zirâ'a, -ât – Landwirtschaft
ziyâra, -ât – Besuch
ziyâra muna<u>zz</u>ama – Führung
zôl, fulân – jemand
zugâg, zagâ'ig – Gasse
zuhr – Mittag

NEHBERG
DAS YANOMAMI MASSAKER
REISE

Der Autor

Randolph Galla wurde 1964 in Gelsenkirchen geboren und beschä tigt sich – erst im Studium, mittlerweile auch beruflich – seit la gem mit der Arabischen Welt. Er hat zahlreiche Länder des Nahe Ostens und Afrikas bereist und in einigen auch längere Zeit geleb Zur Zeit arbeitet er am Institut für Arabistik und Islamwissenscha der Uni Münster.